MÜNSTERSCHWARZACHER KLEINSCHRIFTEN

herausgegeben
von den Mönchen der Abtei Münsterschwarzach

Band 67

Anselm Grün OSB

GEISTLICHE BEGLEITUNG BEI DEN WÜSTENVÄTERN

VIER-TÜRME-VERLAG MÜNSTERSCHWARZACH
1991

Anselm Grün OSB

Geistliche Begleitung bei den Wüstenvätern

VIER-TÜRME-VERLAG MÜNSTERSCHWARZACH
1991

Die Deutsche Bibliothek – CIP-Einheitsaufnahme

Grün, Anselm:
Geistliche Begleitung bei den Wüstenvätern /
Anselm Grün. –
Münsterschwarzach : Vier-Türme-Verlag, 1991
(Münsterschwarzacher Kleinschriften ; Bd. 67)
ISBN 3-87868-439-8
NE: GT

Gesamtherstellung: Vier-Türme-Verlag, D-8711 Münsterschwarzach

(ISSN 0171-6360)
(ISBN 3-87868-439-8)

Inhalt

Einleitung

Das Thema der geistlichen Begleitung ist seit einigen Jahren zu einem zentralen Thema der Spiritualität geworden. Überall werden Kurse angeboten, um geistliche Begleitung zu "erlernen". Und viele suchen nach einem geistlichen Begleiter, der ihren spirituellen Weg mit ihnen gehen soll. Die Aufgabe des geistlichen Begleiters wird heute meistens vom Exerzitienleiter bei ignatianischen Exerzitien her entwickelt und beschrieben. Ignatius geht es darum, den konkreten Willen Gottes zu erkennen. Er möchte die Menschen dazu führen, auf die inneren Bewegungen der Seele zu achten und das Wirken der Gnade zu erkennen, damit sie dann gehorsam Gottes Willen tun. Ignatius hat die Berufung des Menschen in dieser Welt im Blick. Und es ist für ihn immer eine Berufung zur Tat. Bei den frühen Mönchen ist wenig vom Willen Gottes die Rede und wenig von unserer Verantwortung für diese Welt. Den Mönchen geht es immer wieder um die Frage: "Wie kann ich das Heil erlangen, wie kann ich gerettet werden?" Das klingt zunächst sehr egoistisch. Aber darin liegt letztlich die Frage nach der Menschwerdung. Wie kann ich wahrhaft Mensch werden, wie kann ich der werden, als der ich von Gott her gedacht bin? Wie kann Selbstwerdung gelingen?

Ignatius gibt dem Exerzitanten immer wieder Szenen aus dem Leben Jesu an, in die er sich hineinversetzen und durch die er selbst ins Gespräch mit Jesus kommen soll. Bei den Mönchsvätern spielt das Leben Jesu auf den ersten Blick kaum eine Rolle. Natürlich ist den Mönchen die Bibel immer als Hintergrund gegenwärtig, zumal sie ja oft die Heilige Schrift vollständig auswendig gelernt haben. Aber in den Ratschlägen, die sie den Ratsuchenden geben, beziehen sie die Bibel kaum ein. Da schlagen sie oft Übungen vor, die den Prozeß der Selbstwerdung in Bewegung bringen sollen, die den Fragenden mit der Wahrheit konfrontieren und ihn mit all seinen Gedanken und Gefühlen vor Gott stellen. Manche bedauern, daß die geistliche Begleitung der frühen Mönche nicht immer genuin christlich ist, sondern allgemein religiöse und menschliche Grundsätze vertritt. Aber gerade diese Weite fasziniert uns heute. Das Mönchtum ist ein allgemein menschliches Phänomen, das es in allen Religionen und Kulturen gibt. Die christlichen Mönche haben ihr Mönchtum von der Bibel her gesehen und sie verstehen auch die geistliche Begleitung in der Nachfolge Jesu, der für sie der geistliche Vater, der Hirte und Lehrer, der paidagogos (Clemens von Alexandrien) schlechthin ist.

In dieser Kleinschrift soll bei den Wüstenvätern nachgefragt werden, wie sie ihre Aufgabe der geistlichen Begleitung verstanden und ausgeübt haben. Dabei wird keine Systematik der Begleitung entworfen, vielmehr soll an einigen Vätersprüchen aufgezeigt werden, wie die Mönchsväter auf Fragen und Bitten reagieren und wie sie auf die Lebenswunden der Ratsuchenden antworten. Dabei werden Methoden sichtbar, die etwas vom Geist des Mönchtums vermitteln, ohne daß sie systematisiert werden können. Aber gerade die ganz andere Art der Mönchsväter kann uns heute neue Aspekte der geistlichen Begleitung eröffnen.

1. Das Phänomen

Geistliche Begleitung und Führung gab es bereits bei den griechischen Philosophen. Sokrates galt als Führer von Seelen, "als Meister des inneren Lebens". Die geistliche Begleitung war vor allem in der Stoa weit verbreitet. So gelten Plutarch, Epiktet und Seneca nicht nur als Lehrer, sondern auch als eine Art Beichtväter und als Begleiter, die nicht so sehr durch ihre Lehre als durch ihr Beispiel die Menschen zu einem moralisch höherstehenden Leben führen wollten. Es handelt sich jedoch bei den griechischen Philosophen weniger um eine geistliche, als um eine moralische Begleitung. Sokrates wollte die Menschen nicht lehren, sondern den Seelen nützlich sein und sie zu einem moralisch hochstehenden Leben anleiten.[1]

Im frühen Mönchtum war die geistliche Begleitung weit verbreitet. Ja, es war sogar Pflicht, daß jeder junge Mönch einen geistlichen Vater hatte, dem er seine Gedanken und Gefühle offenbaren mußte und dem er absoluten Gehorsam schuldete. Die Mönche sprechen dabei nicht von Begleitung, sondern von geistlicher Vaterschaft. Der geistliche Vater ist mehr als ein Erzieher, mehr als ein jüdischer Rabbi und Gesetzeslehrer. Seine Vaterschaft gründet in der Vaterschaft Gottes. Vater ist der, der einem andern Sein und Leben verleiht. Gott ist im absoluten Sinn Vater. Von ihm her hat Christus seine Vaterschaft für uns empfangen. Und der geistliche Vater soll Christus unsern Vater nachahmen: "Da ihr also Väter seid, ahmet den Vater Christus nach und nähret uns mit Gerstenbrot durch die Lehre der Besserung der Sitten."[2] Evagrius nennt Christus aber nicht nur Vater, sondern zugleich auch Mutter: "Ein und derselbe Christus kann, je nach dem

Gedankenzusammenhang, sowohl als Vater wie auch als Mutter bezeichnet werden: Als Vater derer, die den Geist der Sohnschaft besitzen, als Mutter aber jener, die noch der Milch bedürfen und nicht fester Speise. So ward ja der in Paulus sprechende Christus zum Vater der Epheser, indem er ihnen die Geheimnisse der Weisheit offenbarte, zur Mutter aber der Korinther, indem er sie mit Milch tränkte."[3]

Und so gibt es im Mönchtum nicht nur geistliche Väter, sondern auch geistliche Mütter, die sog. Ammas. Ihre Mutterschaft ahmt Christus als unsere Mutter nach. Und ihnen traut man genauso zu, daß sie Menschen auf ihrem Weg zu Gott begleiten können, vor allem natürlich Frauen, deren Psyche sie besser verstehen.

2. Voraussetzungen für den geistlichen Vater

Die Schriften der Mönchsväter fordern vom geistlichen Vater, daß er pneumatikos ist, vom Heiligen Geist erfüllt. Geistlich ist nach Irenäus ein Mensch, bei dem der Heilige Geist Leib und Seele miteinander verbunden und durchdrungen hat.[4] Der geistliche Mensch hält alles, was er in sich entdeckt, dem Heiligen Geist hin, damit Er es durchdringe und verwandle. Nichts wird dabei ausgeschlossen, weder Leib noch Seele, weder Bewußtes, noch Unbewußtes, weder Verstand, noch Gefühl, weder der Wille noch die Triebe. Geistlich ist ein Altvater, wenn er ganz und gar vom Geist Gottes durchdrungen ist, wenn er alle Bereiche seiner Existenz dem Wirken des Heiligen Geistes ausgesetzt hat und wenn der Gottesgeist die eigentliche Triebfeder seines Denkens und Handels geworden ist.

Der geistliche Vater muß beides: er muß die Geheimnisse Gottes kennen und er muß das menschliche Herz erforscht haben. Kardiognosie nennen die Griechen die Gabe der Herzenskenntnis. Es ist eine Gabe des Heiligen Geistes, aber zugleich muß der Mönch auch danach streben, indem er das eigene Herz kennen lernt, indem er die einzelnen Regungen, die Gefühle und Stimmungen, die Gedanken und Pläne zu unterscheiden vermag und sein Herz bis auf den Grund durchschaut. Dann kann er auch das Herz des Bruders erkennen, der ihn um Rat frägt. Zur Kardiognosie gehört eine feine Beobachtungsgabe. Die Mönchsväter erkennen die inneren Regungen eines andern an seinen Körperbewegungen, an seiner Stimme und an der Art und Weise, wie er seine Probleme beschreibt und wie er seine

Fragen stellt. So heißt es von Euthymius, daß er die psychischen Bewegungen an körperlichen Phänomenen erkannt habe. Und von Abba Paulos heißt es: "Der selige Paulos betrachtete jeden der in die Kirche Eintretenden, mit welcher Seelenverfassung er zur Versammlung komme. Es war ihm nämlich vom Herrn die Gabe gewährt, daß er jeden sehen konnte, wie er in der Seele war, so, wie wir einander ins Gesicht schauen." (Apo 797)[5] Paulos sieht jedem einzelnen ins Herz und er kann die Ausstrahlung eines Menschen erkennen, ob einer von Engeln oder von Dämonen umgeben ist. Kardiognosie ist eine intuitive Erkenntnis. Intuitiv nimmt der Altvater wahr, wie es um den andern wirklich steht. Er braucht keine Methode, um die Gedanken und Gefühle des andern zu erforschen. Unmittelbar sieht er das Herz des andern und erkennt es bis auf den Grund.

Zur Herzenskenntnis gehört untrennbar die Gabe der Unterscheidung der Geister, die diakrisis. Sie ist unabdingbare Voraussetzung für den geistlichen Vater. Diakrisis verlangt einmal Unterscheidung, zum andern das rechte Maß. Sie ist wie die Kardiognosie eine Gabe des Hl. Geistes, doch um sie zu erlangen, muß der Mönch erst lernen, die Gedanken und Gefühle des eigenen Herzens zu unterscheiden. Das verlangt ein ehrliches Ringen mit sich selbst, einen jahrelangen Kampf um die Reinheit des Herzens, um die Leidenschaftslosigkeit (apatheia). Die Mönche warnen daher vor der Versuchung, sich selbst zum geistlichen Vater machen und andere führen zu wollen, bevor man den Kampf mit den Leidenschaften bestanden hat. Man wird zum geistlichen Vater, wenn man die Leidenschaften besiegt hat und so vertraut mit den Regungen und Gefährdungen der Seele geworden ist. Wer sich selbst zum geistlichen Begleiter anbietet, der will andere heilen, bevor er selbst heil geworden ist. Er möchte andern helfen, um sich vom Ringen um die eigene Klarheit zu dispensieren. So wird er selbst zum "hilflosen Helfer".

"Der selige Antonios pflegte zu sagen: Die Altväter der Vorzeit begaben sich in die Wüste und machten nicht nur sich selber gesund, sondern wurden auch noch Ärzte für andere. Wenn aber von uns einer in die Wüste geht, dann will er andere früher heilen als sich selbst. Und unsere Schwäche kehrt zu uns zurück und unsere letzten Dinge werden ärger als die ersten, und daher heißt es für uns: Arzt heile dich vorher selber." (Apo 1007)

Und ein anderer Altvater sagt: "Lehre nicht vor der Zeit, sonst wirst du dein ganzes Leben lang nicht verständig!" (Apo 1082)

Die entscheidende Voraussetzung für den geistlichen Vater ist, daß er den Kampf gegen die Laster aufgenommen und durchgestanden hat. Die Frucht dieses Kampfes ist die Selbsterkenntnis. Der Mönch lernt, seine Fehlhaltungen anzuschauen und an sich zu arbeiten, damit er nicht mehr von dämonischen Mächten, sondern vom Heiligen Geist bestimmt wird. Das Ziel dieses geistlichen Ringens ist die Reinheit des Herzens, die Lauterkeit, die nicht mehr mit Eigeninteressen und Eigenwünschen vermischt ist. Die Reinheit des Herzens ist die Bedingung, daß der Mönch mit Gott eins werden kann. Sie befähigt aber auch den geistlichen Vater, ohne Vorurteile und ohne Projektionsmechanismen auf den Schüler einzugehen. Evagrius Ponticus nennt diese Haltung apatheia und meint damit die Freiheit von den Leidenschaften. Die apatheia ist aber zugleich Liebe. In der apatheia kann der geistliche Vater dem Menschen mit liebender Aufmerksamkeit zuhören, ohne daß sein Zuhören von den eigenen Leidenschaften getrübt wird. Apatheia heißt nicht nur Freiheit von Leidenschaften, sondern auch von den Projektionen, die uns den Blick für den andern verstellen. Wer die apatheia erlangt hat, ist ganz offen für den Ratsuchenden und nimmt wahr, was er in seinen Worten und mit seinem Leib offenbart.

Evagrius hat ausführlich den Kampf mit den acht Lastern beschrieben. In seinem Buch "Praktikos" zeigt er, daß ein Studium der menschlichen Seele dazugehört, um den Menschen gut führen zu können. Dabei bezieht sich Evagrius nicht nur auf die bewußten Gedanken, sondern auch auf das Unbewußte. So sagt er: "Viele Leidenschaften sind in unserer Seele verborgen, sie lassen sich nicht von unserem Bewußtsein erkennen. Erst die Versuchung offenbart sie uns."[6] Evagrius beobachtet die Gedanken und Gefühle, achtet auf ihre Folge und auf ihre Ursachen. Er entdeckt in den Körperbewegungen die innere Regung, die sich darin ausdrückt, die unbewußten Wünsche und Bedürfnisse, die sich in der Haltung des Leibes offenbaren. Evagrius hat damals schon eine wissenschaftliche Psychologie entwickelt, indem er seine Erfahrungen im Umgang mit den verschiedenen Gedanken und Gefühlen, mit Träumen und inneren Bildern beschreibt und systematisiert. Aber seine Darlegungen dispensieren nicht von der eigenen Erfahrung. Sie helfen nur, das selbst Erfahrene besser zu verstehen.

Drei Gaben sind die Voraussetzung für den geistlichen Vater: die Gabe der Kardiognosie und der Diakrisis, und die Fähigkeit, dioratikos zu sein. Kardiognosie hat ein Altvater, wenn er das eigene Herz mit seinen Abgründen erforscht hat und nun auch das Herz des andern durch und durch kennt und es versteht. Diakrisis ist die Gabe der

Unterscheidung. Der Altvater kann bei sich und bei andern die Regungen der Seele daraufhin unterscheiden, ob sie von Gott, von den Dämonen oder aus dem eigenen Herzen kommen. Dioratikos ist der geistliche Vater, wenn er beim Ratsuchenden durch die Worte und durch die Gesten und Gebärden des Leibes hindurch auf den Grund der Seele zu schauen vermag, wenn er sieht, wie es wirklich um den andern steht und wessen er bedarf. Das alles sind Gaben, die Gott dem Mönch schenkt, wenn er sich ehrlich bemüht, durch alle Eintrübungen der Seele hindurch Gott zu suchen. Das Ziel des Mönchtums ist das Einswerden mit Gott. Die Leidenschaften der Seele hindern jedoch den Mönch, sich ganz und gar für Gott zu öffnen. Daher muß er erst die Leidenschaften kennenlernen, er muß seine Psyche mit ihren Mechanismen kennen. Erst dann kann er die Hindernisse auf dem Weg zu Gott überwinden. Die psychologischen Kenntnisse sind für die Mönche nicht Selbstzweck, sie dienen vielmehr dazu, den Kampf um die Reinheit des Herzens bestehen zu können und so Leib und Seele für Gott zu öffnen, damit Gott darin wohnen kann. Es geht im letzten nicht darum, die psychischen Mechanismen der Seele zu durchschauen, sondern das Wirken Gottes in der Seele zu verstehen. Doch offensichtlich haben die großen geistlichen Lehrer wie Origines und Evagrius Ponticus es nicht gescheut, psychologische Studien zu treiben und die Seele des Menschen genau zu beobachten und zu untersuchen. Nur wenn ich die menschliche Seele mit ihren inneren Gesetzen kenne, kann ich in ihr auch Gottes Wirken erkennen. Ohne psychologische Erfahrung bin ich immer in Gefahr, psychische Mechanismen mit dem Wirken des Heiligen Geistes zu verwechseln.

Nach Evagrius Ponticus hat der geistliche Vater die Aufgabe, "die Seelen von der Bosheit zur Tugend zu rufen und von der Unwissenheit zur Erkenntnis Christi" (Brief 49). An einer andern Stelle sagt er: "Was die geistlichen Väter betrifft, so werden sie sicherlich nicht deshalb Väter genannt, weil sie vielen vorstehen. Anderenfalls könnte man ja auch die Tribunen Väter nennen. Väter sind vielmehr jene, die die Gabe des Geistes besitzen und viele für die Tugend und die Erkenntnis Gottes zeugen." (Brief 52) Der Weg zur Tugend ist der asketische Weg, den Evagrius in seinem Buch Praktikos beschrieben hat. Der geistliche Vater hilft dem, der sich an ihn wendet, seine Gedanken zu beobachten, seine Leidenschaften anzuschauen und zu besiegen, bis er schließlich frei wird von allen störenden Gedanken und Gefühlen und so offen für Gott. Das Ziel der geistlichen Begleitung aber ist die Hinführung zur Kontemplation, zur Erkenntnis Christi, wie Evagrius die Kontemplation beschreibt. Erkenntnis Christi meint bei ihm aber immer auch Erkenntnis des dreifaltigen Gottes, Einswerden mit dem dreifaltigen Gott auf dem Grund der Seele, der frei ist von Leidenschaften, frei auch von allen Gedanken und Emotionen.

Der geistliche Vater ist für Evagrius auf der einen Seite Psychologe, der die Gedanken analysiert und Methoden anbietet, mit ihnen umzugehen. Seine Aufgabe ist es, den Menschen, der krank ist an seiner Seele, zur apatheia, zur "Gesundheit der Seele"[7] zu führen. Er ist Arzt für den Ratsuchenden nach dem Vorbild Christi, den Evagrius als den "Arzt der Seelen" bezeichnet. So schreibt Evagrius an einen Freund: "Der Vater ruft bei der Erkrankung des Sohnes den Arzt, Gott aber hat den Arzt unserer Seelen vom Himmel her gesandt, auf daß er die Menschen anlocke und von der Bosheit zur Tugend und von der Unwissenheit zur Erkenntnis Gottes bringe." (Brief 57) Christus heilt uns, indem er uns immer wieder auffordert, uns von der Anhänglichkeit an die Welt zu befreien. Evagrius versteht die Forderungen Jesu nicht als Überforderungen, sondern als "nützlichen Kampf" (Brief 55) und als Heilmittel für unsere Seele.

Die geistlichen Väter haben nun die Aufgabe, wie Christus zum Arzt für die Seelen der Ratsuchenden zu werden. Sie sind es, "die uns für die Kämpfe salben und die Bisse der wilden Tiere heilen" (Bunge 45). Das Öl, mit dem der geistliche Vater die Wunden heilt, die uns die Leidenschaften geschlagen haben, ist die apatheia, die Klarheit des Herzens und die Erkenntnis Christi. Die Askese, die mit dem Willen arbeitet, genügt nach Evagrius nicht, um die Seele zu heilen. Erst in der Kontemplation, die Evagrius als Erkenntnis Christi beschreibt, kann der Mensch zur Klarheit des Herzens gelangen und so ganz gesund werden:

"So wie die Seele erst dadurch, daß sie mittels des Leibes wirkt, erkennt, was an ihr krank ist, lernt auch der Geist erst dann, wenn er zu seinem eigentlichen Wirken findet, seine Kraft kennen und das Heilmittel für das, was ihn bei seinem Wirken behindert." (Prakt 82)

In der apatheia kommt der Geist zu sich selbst und wird so frei von aller Behinderung. Und erst dann kann er richtig gegen die Dämonen kämpfen:

"So lange der Mensch nur gegen seine Leidenschaften ankämpft, kann er nicht klar den Sinn seines Kämpfens erkennen, denn er gleicht einem Menschen, der im Dunkel der Nacht kämpft. Wer aber zur Klarheit des Herzens gefunden hat, kann die Absichten seines Gegners klar erkennen." (Prakt 83)

Der geistliche Vater hat in der apatheia zur Klarheit des Herzens gefunden. So kann er die Absichten der Dämonen erkennen und dem Ratsuchenden helfen, seine eigenen Motivationen und Emotionen zu durchschauen. Wer seine Gedanken und Gefühle anschaut und versteht, kann von ihrer Herrschaft frei werden. Das Anschauen allein befreit den Mönch allerdings noch nicht von seinen Leidenschaften, es ist aber ein erster Schritt zur Befreiung. Wissen allein heilt nicht, aber es ist die Voraussetzung, seine Gedanken und Gefühle, seine Leidenschaften und Bedürfnisse Gott hinzuhalten, damit er sie verwandeln kann. Klarheit des Herzens meint ein Vertrautsein mit den eigenen Leidenschaften und zugleich eine innere Freiheit. Die Leidenschaften beherrschen die Seele nicht mehr, sondern sie dienen ihr. Sie sind verwandelt, d.h. ihre eigentliche Kraft wird sichtbar, ihre ursprüngliche Bedeutung für den Menschen.

Die Heilung, die der geistliche Vater seinen Söhnen schenkt, wirkt auf ihn zurück:

"Wer die Menschen um Gottes willen heilt, bringt schweigend seiner eigenen Seele Heilung. Das Heilmittel nämlich, das der Gnostiker seinem Nächsten zuführt, heilt diesen soweit als möglich, die eigene Seele aber notwendigerweise gänzlich." (Bunge 46)

Wer den andern um Gottes willen heilt, den laugt sein Heilen nicht aus, sondern er er wächst dadurch immer mehr in das Heil hinein, das Gott ihm schenkt. Er heilt nicht, um sich selbst zu bestätigen, sondern weil er für Gott durchlässig ist, der durch ihn die Menschen heilen möchte.

In erster Linie ist der geistliche Vater nach Evagrius jedoch nicht Psychologe und Arzt, sondern Mystagoge, der hinführt zur Kontemplation, zur Begegnung mit Gott und zum Einswerden mit

Gott. Der geistliche Vater soll die Erkenntnis Gottes, die er erlangt hat, weitergeben. Das mindert seine Kontemplation nicht, sondern vertieft sie noch. So ermahnt Evagrius einen Priester, den Menschen die Erkenntnis nicht vorzuenthalten: "Du hast einen Schatz und nährst uns nicht, sondern verborgen hast du vor uns deinen Krug! Und was sollen wir von dem halten, sage uns, was da geschrieben steht: Ein menschenfreundlicher Geist ist die Weisheit? Oder wie reimt sich das mit dem, was im Psalm gesagt ist: Den ganzen Tag erbarmt er sich und leiht der Gerechte?
Was mich betrifft, so weiß ich, daß die Erkenntnis Gottes, indem sie nährt, genährt wird und wenn sie gibt, empfängt! Brich also dein Brot dem Hungernden, und den Obdachlosen führe in dein Haus. Der nämlich, der dir die Gabe des Priestertums gewährte, gebietet dir, dies aus deiner ganzen Seele zu tun!" (Brief 47)
Wer die Gabe der Erkenntnis hat, der darf daher nicht nur auf sich schauen, sondern er hat von Gott her die Aufgabe, das Brot der Erkenntnis auch für die Hungernden zu brechen und sich der Menschen zu erbarmen, die sich nach Gott sehnen.

Beim Hinführen zur Kontemplation muß der geistliche Vater die Fassungskraft und den inneren Zustand des Schülers berücksichtigen. Nur so wird er "zu einem Verwalter der Geheimnisse Gottes, der entsprechend ihrem Zustand einem jeden der Brüder die geistliche Erkenntnis austeilt, indem er den Korinther mit Milch tränkt, den Epheser aber mit fester Speise nährt und mit ihm über Höhe, Breite, Länge und Tiefe spricht." (Bunge 51) So darf er einen Menschen, der noch nicht frei von seinen Leidenschaften geworden ist, nicht zum kontemplativen Gebet anleiten. Denn es ist nicht gut, "wenn ein Mensch, der noch nicht rein ist, weil ihn seine Leidenschaften noch immer gefangenhalten, versucht, sich jenem ehrfurchtsgebietenden und unübertrefflichen Gebet im Geist und in der Wahrheit hinzugeben. Tut er es doch, wird er den Unwillen Gottes gegen sich herausfordern." (Gebet 146) Der geistliche Vater muß also spüren, was dem Schüler angemessen ist. Er muß sein Alter berücksichtigen. Wenn er zu jung ist, tut es ihm nicht gut, viel still zu sitzen und zu meditieren. Er muß erst seine Leidenschaften durchleben und durchbeten, bevor er sich dem kontemplativen Gebet widmen darf. Die Art und Weise des geistlichen Lebens ändert sich mit dem Alter und mit dem Prozeß des Reifwerdens. Der Junge muß daher anders in seinem spirituellen Tun geführt werden als der Alte.

Evagrius vergleicht den geistlichen Vater mit Mose, der sein Volk aus Ägypten, dem Land der Gefangenschaft, herausgeführt hat in das Gelobte Land. Er deutet dabei den Weg Israels als inneren geistlichen Weg zur Kontemplation:

"Ägypten bedeutet die Bosheit, die Wüste die Praktike, das Land Juda die Kontemplation der Körperlichen, Jerusalem jene der Körperlosen, und Symbol der Dreifaltigkeit ist der Zion." (Bunge 70)

Wie Mose soll nun der geistliche Vater seine Söhne herausführen aus der Gefangenschaft durch die Leidenschaften, er soll sie in der Wüste begleiten, die das asketische Ringen meint, und dann soll er sie zur Kontemplation der Welt, zu einer neuen Sicht der Schöpfung, und schließlich zur Kontemplation des dreifaltigen Gottes führen. Das Ziel des geistlichen Weges ist der "Ort Gottes". Ort Gottes nennt Evagrius den Zustand des Intellektes, der alle Leidenschaften überwunden hat und nun das eigene Licht sieht. Die Heilige

Schrift nennt diesen Ort auch "Schau des Friedens, an dem einer in sich jenen Frieden schaut, der erhabener ist als jedes Verstehen und der unsere Herzen behütet." (Brief 39) An diesen erhabenen Ort der Schau Gottes und des inneren Friedens soll der geistliche Vater seine Söhne begleiten.

Dabei soll der geistliche Vater nicht nur die Aufgabe des Mose übernehmen, sondern auch seine Haltung. Und die Haltung, die Mose auszeichnet, ist die Sanftmut. Immer wieder preist Evagrius die Sanftmut des Mose:

"Sage mir doch, warum hat die Schrift, als sie Moses preisen wollte, alle Wunderzeichen beiseite gelassen und einzig der Sanftmut gedacht? Denn sie sagt nicht, daß Moses Ägypten mit den zwölf Plagen züchtigte und das werte Volk aus ihm herausführte. Und sie sagt nicht, daß Moses als erster von Gott das Gesetz empfing und daß er die Einsichten der vergangenen Welten erlangte....Die Schrift übergeht die berühmte Speisung mit dem Manna und den unerwarten Flug der Wachteln und das Fasten des Moses, das die menschliche Natur überschritt, ... und sie preist allein dies, daß "Moses sanftmütiger war als alle Menschen." ...Laßt auch uns jene Sanftmut dessen erwerben, der sprach: Lernet von mir, denn ich bin sanftmütig und demütig von Herzen, auf daß er uns seine Wege lehre und im Himmelreich erquicke." Brief 56)

Die Sanftmut (praytes) ist ein "sicheres Unterscheidungsmerksmal des Pneumatikers (Gal 6,1). Sie ist das, was den inneren Menschen ausmacht." (Bunge 133) Die Sanftmut zeigt nach außen, daß die Askese und die Kontemplation den Mönch wirklich verwandelt und zum geistlichen Vater befähigt haben. Wenn Evagrius die Sanftmut als Haltung des geistlichen Menschen betont, dann

wirft das ein neues Licht auf sein Verständnis von apatheia. Apatheia ist nicht Gefühllosigkeit und Leidenschaftlosigkeit, sondern eine Liebe, die sanftmütig und barmherzig sich selbst und den Bruder anschaut und so Sünde und Schuld überwindet. Die Briefe, in denen Evagrius viele Freunde im geistlichen Leben begleitet, sind voller Sanftmut und Zärtlichkeit, voller Feingefühl und Zuneigung für den jeweiligen Empfänger. Die apatheia befähigt gerade zu echter Freundschaft, wie es aus einem Brief an Rufinus hervorgeht:
"Ihn (meinen Intellekt) von Euch zurückhalten hieße sich an der Liebe vergehen. Wer sich aber an der Liebe vergeht, der versündigt sich an Christus, der unsere Liebe ist und der den Intellekt in Leidenschaftslosigkeit durch die wahre Erkenntnis der Heiligen Dreifaltigkeit mit seinem Freunde verbindet." (Brief 40)
Die Sanfmut ist für Evagrius die Voraussetzung für die Kontemplation: "Die Enthaltsamkeit unterdrückt allein den Leib, die Sanftmut aber macht den Intellekt zum Seher!" (Brief 27) Die Sanftmut reinigt die Seele vor allem vom Zorn, der das größte Hindernis ist für die Kontemplation, und bringt sie so der Erkenntnis Christi näher. (Vgl. Brief 34) So wird die Sanftmut zum wichtigsten Kriterium eines geistlichen Menschen und zur unabdingbaren Voraussetzung für den geistlichen Vater.
Vor der Sanftmut haben die Dämonen Angst, weil sie gegen sie nicht kämpfen können:
"Es gibt in der Tat keine Tugend, die die Dämonen so fürchteten wie die Sanftmut. Diese (Tugend) besaß ja auch Moses, der sanftmütiger als alle Menschen genannt ward. Und der heilige David zeigt auf, daß sie es ist, die des Gedenkens Gottes würdig macht, wenn er spricht: Gedenke, Herr, des David und all seiner Sanftmut. Aber

auch unser Erlöser selbst hat uns geboten, Nachahmer seiner eigenen Sanftmut zu werden, indem er spricht: Lernet von mir, denn ich bin sanftmütig und demütig von Herzen, und ihr werdet Ruhe finden für eure Seelen." (Bunge 138)

Nur der sanftmütige geistliche Vater wird Seelen für Gott gewinnen und ihnen etwas vom Heil, vom Frieden und von der Ruhe Gottes vermitteln. Der Sanftmütige richtet den Sünder nicht, sondern er tröstet und richtet auf. Und da er die Leiden und Probleme des Schülers kennt, nimmt er sie selbst auf sich und leidet mit ihm. Die Sanftmut als Voraussetzung für den geistlichen Vater beschreibt das, was Rogers als Bedingung für ein hilfreiches Gespräch sieht: Echtheit oder Kongruenz mit sich selbst, Empathie oder warmherzige Zuwendung, und Akzeptanz oder bedingungsloses Annehmen des andern. Der geistliche Begleiter muß wahrhaftig sein, er darf dem andern nichts vorspielen, sondern muß mit seiner eigenen Person in das Gespräch eintreten. Weil er sich selbst und seinem eigenen Schatten begegnet ist, ermöglicht er es auch dem Gesprächspartner, sich mit der eigenen Wahrheit zu konfrontieren. Empathie meint ein einfühlendes Verstehen und eine warmherzige Zuwendung. Voraussetzung für die Empathie ist das aktive Zuhören, "das auf die eigenen Gefühle und Empfindungen wie auf die des andern hört und nicht auf der Sachebene stehenbleibt".[8] Und die dritte Variable nach Rogers ist die Akzeptanz, die wertschätzende Anteilnahme, die bedingungslose und positive Zuwendung zum andern, ohne ihn zu vereinnahmen. Ich beurteile und bewerte den andern nicht, sondern nehme ihn in seiner Andersartigkeit an. Die Grundvoraussetzung für diese drei Grundhaltungen des Begleiters ist nach Rogers der Glaube, daß die heilende Kraft schon im Ratsuchenden am Werk ist. Der Berater ist für Rogers wie ein Gärtner, "der die optimalen Bedingungen für das Wachstum seiner Pflanzen herzustellen sucht, dieses Wachstum (und noch weniger die Art seiner werdenden Pflanzen) aber selbst nicht machen kann. In Geduld wartet er schließlich auf die Reife." (Schmid 77)

Die Sanftmut, die Evagrius als Bedingung für den geistlichen Vater sieht, ist keine moralische Tugend, sondern zuerst eine Glaubenshaltung. Der Altvater ist sanftmütig geworden, weil er seinem Schatten und seiner Ohnmacht begegnet ist und darin Gottes Barmherzigkeit und Sanftmut erfahren hat. Sanftmut ist daher Ausdruck der Glaubenserfahrung, daß Gott den Menschen auch in seiner Schuld noch liebt, daß der sanfte Geist Gottes ihn immer wieder aufrichtet, wenn er gefallen ist, und daß er sanft in all seinen Umwegen wirken kann. Und die Sanfmut glaubt an den Menschen und an seine unantastbare Würde, sie glaubt daran, daß der Mensch von Gott dazu geschaffen ist, immer mehr seine eigene Persönlichkeit und Individualität zu verwirklichen und das Bild zu entfalten, das Gott sich von ihm gemacht hat. Evagrius stellt uns den sanftmütigen Jesus Christus immer wieder als Urbild für den geistlichen Vater vor Augen. Der Weg der Askese und der Kontemplation, der Weg "zur Tugend und zur Erkenntnis Christi" soll den Mönch mehr und mehr in das Bild des sanftmütigen Jesus Christus verwandeln, damit er wie Jesus andere auf ihrem Weg behutsam und sanft begleiten und führen kann.

3. Die Kunst der geistlichen Begleitung

An einigen Vätersprüchen wollen wir aufzeigen, wie die geistliche Begleitung im frühen Mönchtum ausgesehen hat. Dabei müssen wir berücksichtigen, daß die meisten Vätersprüche nicht eine kontinuierliche Begleitung beschreiben, sondern einzelne Antworten, die in einer konkreten Situation einem Fragesteller gegeben wurden. Dennoch lassen sich einige Grundzüge entdekken. Dabei wird deutlich, daß die Mönchsväter sich offensichtlich nicht an erlernte Methoden halten, sondern von ihrem inneren Gespür her auf die Fragen der Brüder antworten. Sie haben nicht Methoden gelernt, sondern sie haben sich in langem geistlichen Ringen selber kennengelernt und sie sind in ihrer radikalen Gottsuche mit dem Geheimnis Gottes vertraut geworden. Methoden sind eine Hilfe, auf Menschen richtig einzugehen, aber wer im geistlichen Leben sich selbst und Gott wirklich begegnet ist und die Gabe der Unterscheidung der Geister erhalten hat, der kann sich ohne Methoden direkt dem Menschen zuwenden und ihm und seinen Anliegen gerecht werden.

a) konkrete Weisung

Sehr viele Vätersprüche sind Antworten auf konkrete Fragen. Allerdings sind diese Fragen oft sehr allgemein: "Was soll ich tun?" "Sage mir ein Wort!" Die Antworten können sehr verschieden ausfallen, je nach der Verfassung des Fragestellers. So antwortet Besarion auf diese Frage: "Schweige und miß dich nicht mit andern!" (Apo 165) Antonius antwortet dagegen: "Baue nicht

auf deine eigene Gerechtigkeit und laß dich nicht ein Ding gereuen, das vorbei ist, und übe Enthaltsamkeit von der Zunge und vom Bauch." (Apo 6) Und Makarios sagt auf dieselbe Frage: "Tue niemandem Unrecht und verurteile niemanden! Das beobachte, und du wirst leben."[9] Die Altväter spüren offensichtlich, was der Fragesteller braucht, damit er zur Wahrheit vorstößt, damit er Gott begegnet und sich Gott ausliefert. Es ist eine einzige Übung oder zwei oder drei Aspekte des Lebens, die der Mönch beachten soll. Wenn er das konsequent lebt, wird er auf diesem Weg innerlich weiterkommen, er wird verstehen, wer Gott ist und was der Sinn seines Lebens ist. Eine einzige Übung, konsequent über eine lange Zeit hinweg befolgt, kann genügen, um ihn zu verwandeln. Sie wird ihn mit seinen Grenzen konfrontieren, ihm seine Ohnmacht aufdecken und ihn so letztlich für Gott aufbrechen. Auch wenn die Übung scheinbar gar nichts mit Gott zu tun hat, so wird sie ihm doch das Geheimnis Gottes enthüllen. Wenn einer jahrelang schweigt und sich nicht mit andern vergleicht, dann wird er auf diesem Weg verstehen, was Jesus uns von Gott geoffenbart hat, er wird dem barmherzigen Gott begegnen und selbst barmherzig werden. Und wenn einer nur konsequent befolgt, daß er keinem Unrecht tut und niemanden verurteilt, dann wird in seinem Herzen eine Ahnung von der Barmherzigkeit Gottes aufbrechen. Er wird durch diese Übung immer wieder mit seinen Aggressionen konfrontiert und mit seiner Sucht, sich über die andern zu stellen. Aber er wird gerade an diesen beiden Punkten lernen, was Jesus uns gelehrt und vorgelebt hat. Und so wird der Weg dieser Übung sein Herz mehr und mehr verwandeln und es mit der Sanftmut Christi erfüllen.
Oft fragt ein junger Mann einen Altvater, wie er

Mönch werden kann. Und zumeist gibt ihm der Altvater eine einzige Aufgabe. Wenn er die konsequent lebt, dann ist er Mönch.
"Der Altvater Poimen bat den Altvater Joseph. "Sage mir, wie ich Mönch werde." Er antwortete: Wenn du Ruhe finden willst, hier und dort, dann sprich bei jeder Handlung: Ich - wer bin ich? und richte niemand!" (Apo 385)
Offensichtlich spürt hier der geistliche Vater, was er dem andern als wichtigste Übung mit auf den Weg geben soll. Wenn der Ratsuchende das Vorgeschlagene tut, dann wird er die Ruhe finden, nach der er sich sehnt. Die Herzensruhe (hesychia) ist Bedingung für das unablässige Gebet, das ja das Ziel des Mönchtums war. Die Meditation der Frage "Wer bin ich?", die auf den ersten Blick gar nichts mit Gott zu tun hat, führt den Mönch zum Beten ohne Unterlaß, sie ermöglicht ihm den ununterbrochenen Kontakt mit Gott. Aber sie will ihm auch helfen, zu sich selbst zu finden, echt zu werden, ganz und heil. Es geht bei den einfachen Übungen immer zugleich um die Offenheit für Gott und um gelungene Menschwerdung. Die Übungen, die die Altväter raten, setzen den Prozeß der Selbstwerdung in Gang und ermöglichen ein beständiges Leben in der Gegenwart Gottes. Die Anweisungen sind sehr konkret. Wenn ein Mönch an diesem einen Punkt (etwa des Schweigens oder des Nichtverurteilens) beständig übt, dann wird er auf diesem Weg weiter kommen, dann wird ihn dieser Weg zu menschlicher Reife und zur Begegnung mit Gott, ja zur Erleuchtung selber führen. Es ist erstaunlich, wie einfach die Mönche den Weg zu Gott sehen. Sie haben keine komplizierten Methoden entwickelt, sondern sie trauen dem einfachen Weg zu, daß er uns für Gott aufbricht. Die Wege, die die Altväter raten, sind kein Trick, das Heil zu erlangen. Es ist keine

Werkgerechtigkeit, die da verkündet wird. Vielmehr kann die konkrete Übung den Menschen immer mehr in das Geheimnis Gottes einführen. So rät Abbas Moses einem Bruder: "Geh, setze dich in dein Kellion, und dein Kellion wird dich alles lehren!" (Miller 157) Kellion ist die Zelle des Mönches, in der er wohnt, eine Höhle oder eine einfache Hütte. Sie ist nicht nur Wohnung, sondern Mittel des geistlichen Weges. Wer in seinem Kellion bleibt, der setzt sich mit seiner ungeschminkten Wirklichkeit, mit all seinen Gefühlen und Gedanken, mit seinen Bedürfnissen und Leidenschaften, Gott aus. Das Kellion bringt den schwankenden und müde gewordenen Mönch wieder in Ordnung und bindet ihn an Gott. So ist das Bleiben im Kellion ein Weg, auf dem mir mehr und mehr die Wahrheit über mich aufgehen wird und auf dem ich immer tiefer hineinwachse in das Geheimnis Gottes. Doch ich werde nur dann Gott näher kommen, wenn ich die eine Übung, die mir ein Altvater aufgetragen hat, treu und konsequent einhalte. So sagt Poimen: "Was nützt es, wenn einer sich einer Kunst nur nähert und sie nicht erlernt?" (Miller 194)

Manchmal gibt ein Altvater einem Bruder eine Aufgabe für ein Jahr. Wenn er dann nach dem Jahr über die Übung berichtet, führt er ihn weiter. Entweder gibt er ihm nochmals die gleiche Aufgabe oder er modifiziert sie. Entscheidend ist, daß der Bruder getan hat, was der Vater ihm aufgetragen hat. Durch das konsequente tägliche Tun kommt etwas in ihm in Bewegung. Die Übung verwandelt nach und nach das Herz und öffnet es für die Wahrheit. Graf Dürckheim erzählte einmal von einem jungen großgewachsenen Mann, der in seine Sprechstunde kam. Er wußte nicht, was er mit seinem Körper anfangen sollte. So machte Dürckheim mit ihm Stehübungen, anstatt mit ihm seine Träume zu besprechen. Und er gab ihm für daheim als Aufgabe: "Stellen Sie sich jeden Tag eine halbe Stunde gerade hin und versuchen Sie, zu sich zu stehen!" Als der Mann nach einem Jahr wiederkam, konnte er wirklich anders stehen. Doch er konnte nicht nur anders stehen, er war ein anderer Mensch geworden. Dürckheim wunderte sich selbst, daß da einer seine Weisung wirklich befolgt hat. Viele suchen zwar Ratschläge, ja sie suchen ständig bei neuen Meistern, was ihnen helfen könnte. Kaum einer tut konsequent, was der Meister sagt. Bei den Mönchen war das anders. Sie befolgten wörtlich, was der Altvater sagte. Und auf diesem Weg machten sie neue Erfahrungen, da wurden sie mit sich selbst konfrontiert, da kamen sie in Ordnung, da wurden sie offen für Gott. Die Übung des Stehens hat den jungen Mann verwandelt, sie hat ihn nicht nur aufgerichtet, sondern durchlässig gemacht für Gott. Genauso wirken die Übungen, die die Altväter aufgeben. Wenn einer das ganze Jahr nur damit verbringt, Ordnung in sein Essen zu bringen und das Fasten einzuhalten, das ihm der Vater aufgetragen hat, dann wird dadurch vieles in ihm in Ordnung kommen. Oder wenn einer ein ganzes Jahr lang andere nicht verurteilt, dann wird ihn das mit der Wahrheit des eigenen Herzens konfrontieren, es wird ihn barmherziger machen und so wird er die Güte und Menschenfreundlichkeit Gottes verstehen, wie sie uns in Jesus Christus erschienen ist.

Andere Fragen beziehen sich auf die asketische Praxis, die ein Mönch schon tut, bei der er aber offensichtlich nicht weiterkommt. "Ein Bruder fragte den Altvater Tithoe: "Wie kann ich mein Herz bewahren?" Der Greis antwortete ihm: "Wie können wir unser Herz bewahren, wenn Mund und Bauch offenstehen?" (Apo 912)

Tithoe entläßt den Bruder mit einer Frage. Wenn er sich dieser Frage stellt, wird er selbst sich die Antwort geben können.

Ein wichtiges Thema für die geistliche Begleitung ist das ganz konkrete Tun des Mönches, seine Tagesordnung, seine Gebetspraxis, seine Meditationsmethode. So sagt Abbas Antonios:

"Wenn möglich soll der Mönch den Altvätern mit Vertrauen sagen, wieviel Schritte er tut, oder wieviel Wasser er in seinem Kellion trinkt, um sicher zu sein, ob er damit nicht sündigt." (Miller 40)

Dabei gibt es nicht die alleinseligmachende Praxis. Es gibt viele Wege zu Gott. Aber entscheidend ist, daß unser geistliches Leben einen gesunden Lebensstil braucht und eine klare Ordnung. Das Gespräch über unsere Praxis kann uns zeigen, was für uns gut ist, was uns näher zu Gott führt und was in uns die größere Liebe wachruft. Wenn wir über unser konkretes Tun sprechen, können wir nicht in unverbindliche Ideale ausweichen, da müssen wir Farbe bekennen, da zeigt sich, wie ernst wir es mit unserem inneren Weg wirklich meinen. Denn wir werden den inneren Weg nicht gehen, wenn wir nicht bereit sind, einen äußeren Weg konsequent einzuhalten. Was heute Supervision heißt, zielt ja auch darauf, ganz konkret über das tägliche Leben zu sprechen. Natürlich geht es da nicht nur um das Äußere. Aber das Innere kann nur in Bewegung kommen und sich wandeln, wenn wir außen anfangen.

Brüder fragen Makarios: "Wie müssen wir beten?" Die Antwort des Makarios berücksichtigt sicher nicht die ganze Gebetslehre der Heiligen Schrift, aber sie greift den Punkt heraus, der für die Fragesteller jetzt am wichtigsten ist: "Es ist nicht notwendig, viele Worte zu machen (Mt 6,7), sondern man muß die Hände ausstrecken und

sprechen: Herr, wie du willst und weißt, erbarme dich! Wenn aber eine Anfechtung kommt, dann: Herr, hilf! Denn er weiß, was förderlich ist, und wirkt an uns Erbarmen." (Apo 472)
Wiederum erzählte Altvater Poimen: Einer fragte den Abbas Paision: "Was soll ich mit meiner Seele tun: Sie ist gefühllos und fürchtet Gott nicht!." Er sagte zu ihm: "Geh und schließe dich einem gottesfürchtigen Menschen an. Indem du dich ihm nahst, lehrt er auch dich, Gott zu fürchten!" (Apo 639)
Hier wird keine billige Lösung gegeben, sondern ein Weg aufgezeigt, der viele Jahre dauern kann. Wenn sich der Bruder einem gottesfürchtigen Menschen anschließt, dann wird er von ihm die Gottesfurcht lernen. Die Begegnung mit dem gottesfürchtigen Altvater wird auch in seinem Herzen das Gespür für den ganz anderen Gott hervorrufen. Er wird mit den eigenen Gefühlen in Berührung kommen, wenn er den Gefühlen im Altvater begegnet. Die Ausstrahlung eines gottesfürchtigen Menschen wird ihn mehr und mehr verwandeln. Die Erfahrung des Altvaters wird ihn mehr als alle Worte lehren und erziehen. So beziehen sich die Mönche immer wieder auf Erfahrung, wenn sie einen Rat geben. Nie die Theorie, sondern das gelebte Leben lehrt uns, richtig zu leben, richtig zu glauben und richtig zu lieben. Die Antwort der Väter ist meistens kurz, aber sehr präzis. In einem Satz bringen sie das Problem auf den Punkt und geben dem Ratsuchenden eine Aufgabe, die ihm gerade in seiner Situation hilft. So sagt Arsenios einem, der meint, er müsse aus Liebe die Kranken besuchen: "Geh und iß, trinke, schlafe und arbeite nicht, nur verlaß dein Kellion nicht!" (Apo 49) Arsenios erkennt in den Worten des jungen Mönches "den Samen der Dämonen". Er weiß, daß die Krankenbesuche für ihn eine

Flucht wären vor dem, was jetzt gerade ansteht. Daraus kann man keine allgemeine Regel machen. Aber jetzt - das spürt Arsenios - gibt es nichts anderes als zu bleiben und auszuharren.

b) trösten und ermutigen

Die wichtigste Regel der geistlichen Väter ist: nicht verurteilen und nicht in Trauer stürzen, sondern aufrichten und trösten. Ja, der geistliche Vater wird gerade von seiner Aufgabe definiert, die Brüder zu ermutigen[10]. Das kommt in vielen Vätersprüchen zum Ausdruck. So gibt Poimen den geistlichen Begleitern folgenden Rat:
"Wenn ein Mensch sündigt und es leugnet, indem er spricht: Ich habe nicht gesündigt, so verurteile ihn nicht. Andernfalls nimmst du ihm den Mut. Wenn du aber sagst: Sei nicht mutlos, Bruder, aber hüte dich in Zukunft!, dann erweckst du seine Seele zur Reue." (Apo 597)
Auf keinen Fall darf der Bruder traurig weggehen, denn damit hilft man ihm nicht weiter. Poimen verzichtet daher darauf, dem andern seine Wahrheit aufzudecken. Er spürt, daß er sich der Wahrheit noch nicht stellen kann. So ermutigt er ihn, ohne ihn auf seine Sünde hinzuweisen. Aber indem er ihn aufrichtet, gibt er ihm auch den Mut, sich seiner Sünde zu stellen. Geistliche Begleitung muß erst einen Raum des Vertrauens schaffen, in dem der andere sich mehr und mehr der eigenen Wahrheit stellen kann. Das braucht Geduld beim geistlichen Begleiter und Akzeptanz, auch wenn der andere sich und seine Wahrheit noch nicht akzeptieren kann. Und es braucht den Glauben, daß Gott den Bruder nicht aufgibt, sondern ihn zu neuem Leben erwecken will.

Der geistliche Vater muß sich auf die Fassungskraft des andern einlassen und darf ihn nicht mit zu hohen Maßstäben überfordern. So lobt Poimen einen, der seinen Acker bestellt und andern Almosen davon gibt. Als Abba Anub, ein strenger Mönch, davon hört, macht er Poimen Vorwürfe, Ackerbau gehöre sich doch nicht für einen Mönch. Als Poimen das dem Bruder erklärte, wurde er ganz traurig. Da tadelt Poimen Abbas Anub: "Auch ich wußte von Anfang an, daß es kein Mönchswerk ist, aber ich sprach gemäß seiner Fassungskraft, und ich gab ihm auch Mut zur Vermehrung der Almosen. Nun aber ist er traurig weggegangen, und er tut das gleiche Werk." (Apo 596)

So muß der geistliche Vater spüren, was für den andern angemessen ist. Es ist seine Verantwortung, wenn der andere überfordert und traurig wird. Die Gabe der Unterscheidung verlangt, daß er sich in den andern hineinfühlt, daß er ihn versteht, daß er seine Sehnsucht und seine Veranlagung, seine Lebensgeschichte und seine Wunden berücksichtigt und ihm das rät, was ihm in seiner Situation weiterhilft. Poimen arbeitet hier nicht mit Idealen, die er dem Ratsuchenden überstülpt, sondern er geht vom konkreten Menschen aus und überlegt, wie dieser Mensch einen Weg zum Leben und zur Liebe finden kann.

Abbas Joseph berücksichtigt die Fassungskraft eines Bruders, der ihn frägt: "Was soll ich tun? Ich kann Übel nicht ertragen, kann nicht arbeiten und auch nicht Liebe geben." Der Greis sprach zu ihm: "Wenn du davon nichts fertig bringst, dann bewahre dein Gewissen vor jeder Sünde gegen den Nächsten, und du wirst das Heil erlangen." (Apo 387)

Der Altvater macht dem Bruder keine Vorwürfe, daß er so schwach ist, sondern er gibt ihm in seiner

Schwäche einen Weg an, auf dem er zu Gott und zum Leben finden kann.
Trösten und Aufrichten, das sind die wichtigsten Kennzeichen einer guten geistlichen Begleitung. Wer den andern traurig entläßt, ist seiner Verantwortung als geistlicher Vater nicht gerecht geworden. Die Mönche haben auf verschiedene Weise versucht, Mönche, die betrübt waren und sich selbst aufgaben, wieder aufzurichten. Oft hat der Altvater den Fehler, dessentwegen der andere sich anklagte, bei sich selbst beschrieben. Oft genug ist ein Mönch, der gesündigt hat, über sich enttäuscht. Er beschuldigt sich selbst und zieht so alle Energie nach unten. Und wenn er zum geistlichen Vater kommt, dann geniert er sich vor ihm, im Glauben, daß er nicht wert sei, mit ihm zu reden. Und oft genug idealisiert der Sünder dann den vermeintlich sündenfreien Altvater. In dieser Situation tröstet der Altvater, indem er dem enttäuschten Mönch zeigt, daß er selbst mit diesen Fehlern zu tun habe:
"Einmal kam ein Bruder zum Altvater Poimen und sagte: "Was soll ich tun, Vater, denn ich werde zur Unkeuschheit versucht? Und siehe, ich ging zum Abbas Ibistion, und er sagte zu mir: Du darfst sie nicht lange in dir verweilen lassen." Abbas Poimen sprach zu ihm: "Abbas Ibistion und seine Taten sind bei den Engeln droben. Es ist ihm verborgen, daß du und ich noch in der Unkeuschheit sind. Wenn aber der Mensch seinen Bauch beherrscht und die Zunge und das Wanderleben, dann habe Mut: er stirbt nicht!" (Apo 636)
Poimen stellt sich hier auf die gleiche Stufe wie der Ratsuchende. Daß er mit seiner Sexualität noch nicht zurechtkommt, ist nicht so schlimm. Poimen selbst muß noch mit ihr kämpfen. Und so gibt er ihm einen Rat als einer, der mit dem

gleichen Problem zu kämpfen hat. Und dieser Rat ermutigt und richtet auf. Weil die Altväter ehrlich ihr eigenes Ringen offenbaren, verstecken sie sich nicht hinter rigorosen Forderungen. Sie teilen ihr Leben mit dem, der bei ihnen Rat sucht. Moralisten, die sich auf feste Normen berufen, sind meistens nicht bereit, ihr Leben mit dem Bruder zu teilen. Sie halten die Norm zwischen sich und den andern. Und sie erwecken den Eindruck, daß sie die Norm ohne Abstriche erfüllen. Das aber macht den Ratsuchenden traurig. Und oft ist es auch nicht ehrlich. Denn wer immer nur die Norm betont, verdrängt oft die eigenen Bedürfnisse. Er pocht auf die Norm, obwohl er sie selbst nicht halten kann, und möchte damit seine eigene Unfähigkeit überspielen.

Evagrius, der als geistlicher Vater bei allen Mönchen der Wüste berühmt war, zeigt in einem Brief an Melania, wie er nicht von oben herab einen Rat gibt, sondern erst nachdem er seine eigenen Versuchungen bekennt und sich so auf die gleiche Stufe stellt wie die Adressatin:

"Gleichwie das Sprichwort sagt: "Wer von einer Viper gebissen ward, erduldet wenig Pein, wenn er es einem anderen erzählt, der ebenfalls von einer Viper gebissen ward", tröste also auch ich mich selbst in meinen vielen Wunden, indem ich dir, die du oft verwundet worden bist, erzähle, daß die gegen uns gerichteten Ränke der Dämonen zahlreich und vielfältig sind, weil wir uns mühen, die Erkenntnis Christi zu erwerben." (Brief 1) Die Viper ist ein Bild für die Traurigkeit, die Melania offensichtlich wegen einer Krankheit und der mangelnden Aufmerksamkeit der Brüder und Schwestern plagte. Erst nachdem Evagrius seine eigene Traurigkeit zugibt, die ihn bedrängt, kann er Melania den Rat geben: "Sei also langmütig, wenn du rufst und man säumt, dir zu antworten. Auch dies nämlich ist ein Teil der Versuchungen. Es steht ja geschrieben: "Ich rief meinen Knecht, und er gehorchte nicht." Und wenn ferner einer deiner Bekannten dich geringschätzt, dann wundere dich nicht." (Brief 1) Aus den Briefen, die Evagrius vielen Ratsuchenden schreibt, spricht immer Verständnis und Achtung, Mitgefühl und Sanftmut für den andern. Evagrius zeigt, daß er die Bedrängnisse des andern versteht, weil er selbst noch mitten im Kampf um die apatheia, um die Gesundheit der Seele ist.

Einem Mönch, der verzweifelt gegen seine Zungensünden kämpft, gibt Abbas Matoes wieder Mut, indem er ihm bekennt, daß er genauso schwach ist und gerade deswegen in die Einsamkeit gegangen ist. "Es ist nicht die Tugend, derentwegen ich in der Einsamkeit sitze, sondern die Schwäche." (Apo 525) Wenn der Altvater vor dem Ratsuchenden von den eigenen Schwächen spricht, dann befreit er ihn von den Idealisierungen, mit denen viele zum geistlichen Begleiter kommen. Und so kann der andere seine Solidarität spüren. Er fühlt sich dort abgeholt, wo er steht. So geht ein Bruder, der nicht zur Ruhe kommt, gestärkt weg, als ihm Abbas Theodor von Pherme sagt: "Wirklich, ich zähle siebzig Jahre in diesem Kleid, und keinen Tag habe ich Ruhe gefunden - und du mit deinen acht verlangst Ruhe zu haben?" (Apo 269)
Ein anderer Weg, den Ratsuchenden zu ermuntern und aufzurichten, besteht darin, ihm durch Bilder und Vergleiche zu zeigen, wo er steht und wie er weitergehen soll. So erzählt ein Altvater einem Bruder, der nach einem Fehltritt ganz verwirrt ist und den Mut verloren hat, das Beispiel von einem jungen Mann, der einen verwahrlosten Acker von Disteln und Dornen reinigen soll. Der

junge Mann ist entmutigt, weil der Acker so voller Unkraut war. Da sagt ihm der Vater: "Mein Sohn, arbeite täglich nur so viel, als dein Körper, wenn du liegst, Raum einnimmt, und so wird deine Arbeit allmählich voranschreiten, und du wirst dabei nicht verzagt sein. Als der Jüngling das gehört hatte, handelte er danach, und in kurzem war der Acker gereinigt und urbar gemacht. Mach auch du, Bruder, es so, arbeite nach und nach, so wirst du den Mut nicht verlieren." (Apo 1151)

So geht der Bruder voll Hoffnung heim und findet Ruhe und Frieden. Das Bild hat ihn überzeugt.

Ähnlich arbeitet Poimen in folgendem Väterspruch:

"Ein Bruder sprach zum Altvater Poimen: "Wenn ich meinem Bruder ein wenig Brot oder etwas anderes gebe, dann entwerten es die Dämonen: es sei gegeben, um den Menschen zu gefallen." Der Greis sagte: "Auch wenn es aus Gefallsucht geschieht, so wollen wir doch dem Bruder das Nötige geben." Er legte ihm folgendes Gleichnis vor: "Zwei Männer, die Bauern waren, wohnten in der gleichen Stadt. Der eine davon säte nur wenig Saatgut, und zwar ungereinigtes, der andere sparte sich das Säen und erntete überhaupt nichts. Wenn nun eine Hungersnot auftritt, wer von den beiden wird zu leben haben?" Der Bruder antwortete: "Der, der wenig und Ungereinigtes gesät hat." Da sagte der Greis zu ihm: "Laß uns wenigstens ein wenig und wenn auch Ungereinigtes säen, damit wir nicht Hungers sterben." (Apo 625)

Wir werden wohl kaum einmal so weit kommen, daß alle unsere Motive rein und lauter sind. Das müssen wir auch nicht. Wenn wir in aller Demut anerkennen, daß das Getreide, das wir aussäen, ungereinigt ist wegen unserer egoistischen Motive, dann wird es dennoch Frucht bringen. Wer von einem Menschen Absolutes verlangt, absolute Lauterkeit und Reinheit, absolute Selbstlosigkeit und Liebe, überfordert ihn entweder und stürzt ihn in Traurigkeit oder er verleitet ihn dazu, seine Bedürfnisse zu verdrängen und sie dann unbewußt auszuleben. Wer meint, er würde absolut selbstlos lieben, merkt oft gar nicht, wie er mit seiner Liebe Macht ausübt, indem er den andern vereinnahmt. Poimen ermutigt uns, dem andern zu helfen, selbst wenn wir dabei auch an uns und unseren guten Ruf denken, den andern zu lieben, auch wenn wir dabei Liebe erwarten. Sobald uns die Nebenabsichten bewußt sind, sind sie nicht mehr so gefährlich. Gefährlich sind die verdrängten Wünsche und Bedürfnisse, die vom Unbewußten her destruktiv wirken. Der geistliche Begleiter kann durch zu hohe Ideale die Verdrängung begünstigen. Von Poimen könnte er lernen, sensibel zu werden für das Miteinander unserer selbstlosen und egoistischen Motive und so behutsam und sanft zu begleiten.

Oft kommen junge Brüder, die mit Versuchungen zu kämpfen haben, zu einem Altvater. Sie sind enttäuscht, daß sie auf ihrem geistlichen Weg nicht weiterkommen, sondern immer wieder von den gleichen Versuchungen geplagt werden. Die Altväter richten solche Brüder auf, indem sie darlegen, daß solche Versuchungen ganz normal sind, ja daß sie zu unserem inneren Wachstum gehören. So sagt ein Altvater: "Wenn der Baum nicht vom Wind geschüttelt wird, wächst er nicht und bekommt keine Wurzeln. So ist es auch mit dem Mönch. Wenn er nicht versucht wird und die Versuchung nicht erträgt, wird er nie zum Mann."[11] Antonios sagt sogar: "Keiner kann unversucht ins Himmelreich eingehen. Nimm die Versuchungen weg, und es ist keiner, der Rettung findet." (Apo 5) Ohne Versuchung sind wir in Gefahr, unseren geistlichen Fortschritt der eigenen Kraft zuzuschreiben. Die Versuchung zeigt uns, daß wir allein durch Gottes Gnade weiterkommen. Sie führt - so meint Isaak von Ninive - zu einem vertrauten Umgang mit Gott:

"Ohne Versuchung wird die Sorgfalt Gottes für uns nicht empfunden, das Vertrauen zu ihm nicht erworben, die Weisheit des Geistes nicht gelernt und die Liebe Gottes nicht in der Seele befestigt. Vor den Versuchungen betet der Mensch zu Gott wie ein Fremder, nachdem er aber aus Liebe zu ihm die Versuchung bestanden hat, ohne sich durch dieselbe verkehren zu lassen, alsdann betrachtet ihn Gott als einen, der ihm geliehen hat und von ihm Zinsen zu empfangen berechtigt ist und als einen Freund, der für seinen Willen gegen die Macht der Feinde gekämpft hat."[12]

Aus diesen Worten spricht die Botschaft: Es darf alles sein. Versuchungen dürfen sein. Rechne damit und verurteile dich deshalb nicht, sondern vertraue auf Gott! Er kann dich gerade durch die Versuchungen zu einer neuen Intimität und Vertrautheit führen. Auch Versagen und Schuld dürfen sein. Wenn du versagst, verurteile dich nicht, sondern steh im Vertrauen auf Gottes Gnade immer wieder auf!

"Ein Bruder fragte den Altvater Sisoes: Was soll ich tun, Vater, weil ich gefallen bin? Der Altvater sagte ihm: Steh wieder auf! Der Bruder sagte darauf: Ich bin aufgestanden, aber wieder gefallen. Und der Altvater sagte darauf: Dann steh wieder und wieder auf! Der Bruder fragte: Wie lange? Der Greis antwortete: Bis du aufgenommen bist, entweder im Guten oder im Falle." (Apo 841)

Sisoes ermutigt den, der an sich selbst verzweifelt, weil er immer wieder fällt. Es ist nicht schlimm, zu fallen. Wir dürfen nur nicht liegenbleiben. Wenn wir immer wieder fallen und aufstehen, werden wir mehr und mehr auf Gottes Barmherzigkeit schauen, die allein uns zu tragen vermag. Gott führt uns auch durch unser Versagen hindurch und will uns über den Weg unserer Schwachheit immer sensibler werden lassen für das Geheimnis seiner Gnade und Liebe.

c) Fürbitte und Stellvertretung

Der geistliche Vater gibt nicht nur Ratschläge, er betet auch für den, der zu ihm kommt. Denn er sieht, worunter der andere leidet. Im Gebet fühlt er sich mit dem andern solidarisch. Und er weiß, daß allein Gott die Leidenschaften eines Menschen verwandeln kann. Das Gebet des Vaters ersetzt aber nicht den eigenen Kampf. So antwortet Antonios einem, der ihn um das Gebet bittet: "Weder ich habe Erbarmen mit dir, noch Gott, wenn du dich nicht selbst anstrengst und Gott bittest." (Apo 16)
Ein anderer Altvater betet für einen Bruder, der mit seiner Sexualität nicht zurechtkommt. Doch das Gebet hilft nicht. Da erkennt der Vater im Traum, daß der andere nachlässig ist und den Engel, der ihm zu Hilfe eilt, übersieht. Das Gebet läßt ihn also die eigentliche Ursache erkennen, warum der andere nicht weiterkommt. (Hausherr 136) Im Gebet wird der geistliche Begleiter sensibel für den wahren Zustand des Ratsuchenden. Und das Gebet befreit ihn von seinen eigenen Projektionen, die im Gespräch unwillkürlich immer wieder den Blick für den andern trüben. Das Gebet erzeugt im Begleiter ein Gefühl von

Wohlwollen und Zuwendung und macht ihn offen für das eigentliche Bedürfnis und Anliegen des Bruders.

Wie der geistliche Vater für die Brüder betet, zeigt das Gebet des hl. Pachomius:

"Herr, unser Gott, du hast uns geboten, unseren Nächsten zu lieben wie uns selbst. Da du die Geheimnisse meines Herzens kennst, bitte ich dich: Verachte mich nicht, wenn ich dich nun anflehe, sie zu retten, sondern hab Erbarmen mit ihnen, gib ihnen deine Furcht, damit sie deine göttliche Macht erkennen, daß sie dir in Wahrheit dienen, in allem voller Hoffnung auf deine heiligen Verheißungen. Denn meine Seele ist sehr betrübt ihretwegen und meine Sinne ganz durcheinander." (Hausherr 139)

Im Gebet drückt der geistliche Vater seine Liebe zum ratsuchenden Bruder aus und hält Gott seine Ohnmacht hin. Er selbst kann dem Bruder nicht helfen. Er weiß nur, was ihm fehlt und was er tun müßte. Aber heilen und verwandeln kann allein Gott.

Im Gebet fühlt sich der geistliche Vater über das Gespräch hinaus mit dem Ratsuchenden verbunden. Da trägt er ihn in seinem Herzen und hält ihn immer wieder Gott hin. Diese Verbindung geht sogar über den Tod hinaus. Auch da wird er noch für alle beten, denen er in seinem Leben begegnet ist. So verheißt es Arsenios dem Altvater Daniel: "Schaffe deinem Vater Erquickung, damit er, wenn er zum Herrn gekommen ist, für dich bittet und es dir wohl ergeht." (Apo 73)

Die Verbindung, die zwischen dem geistlichen Vater und seinem Schüler gewachsen ist, bleibt über den Tod hinaus. Ja, sie bekommt im Tod eine neue Dimension. Da wird der Vater für seinen Schüler bei Gott eintreten, da wird er ihm von Gott her nahe sein und ihn auf neue unsichtbare

Weise begleiten. Die Liebe, die zwischen beiden gewachsen ist, wird auch durch den Tod nicht aufgehoben, sondern verwandelt. Sie wird zum ständigen Begleiter, zum Lebensraum für den Schüler.

Zum Fürbittgebet gehört auch die Stellvertretung. Der geistliche Vater nimmt selbst die Last des Schülers auf sich, wenn sie ihm zu schwer wird. Er trägt sie, damit der Schüler davon nicht erdrückt wird. So schreibt Barsanuphios einem, der schwer an seinen Sünden trägt: "Ich trage ab jetzt die Hälfte deiner Last. Daher wird Gott dir von neuem zu Hilfe kommen." (Hausherr 142) Barsanuphios weiß, daß er selbst ein Sünder ist, schwach und hilflos. Dennoch kann er aus Liebe zu seinem Schüler dessen Last tragen, weil er den barmherzigen Christus in seinem Herzen weiß. Er sieht darin die Erfüllung der Worte Jesu: "Es gibt keine größere Liebe, als wenn einer sein Leben für seine Freunde hingibt." (Joh 15, 13) Der geistliche Vater ist kein unbeteiligter Ratgeber, sondern er läßt sich so sehr auf den Schüler ein, daß er sich für ihn verantwortlich weiß und ihn in seinem Herzen trägt.

Als ein Bruder, der in eine schwere Sünde gefallen ist, voller Unruhe und Angst zu Abbas Lot kommt, fragt er ihn:

"Was hast du, Bruder?" Er antwortete: "Ich habe eine große Sünde begangen und vermag sie den Vätern nicht zu bekennen." Da sprach der Alte: "Offenbare sie mir, und ich werde sie tragen." Da bekannte er ihm: "Ich bin in die Sünde des Ehebruchs gefallen und habe, um mein Ziel zu erreichen, gemordet." Der Alte erwiderte ihm: "Habe Vertrauen, es gibt eine Reue. Wohlan, setze dich in deine Höhle, faste je zwei Tage, und ich werde mit dir die Hälfte der Schuld tragen." Nach drei Wochen wurde dem Alten die Gewißheit, daß der

Herr die Buße des Bruders angenommen habe." (Apo 448)
Der geistliche Vater nimmt stellvertretend die Schuld des Bruders auf sich und leistet für ihn Buße. Das klingt für uns fremd, als ob man dem andern seine Schuld abnehmen und durch Buße ableisten könne. Aber dahinter steht die Erfahrung, daß die Liebe des einen den andern in seinem Herzen verwandeln kann. Die Buße, die der Altvater auf sich nimmt, ist Ausdruck seiner Liebe zum gefallenen Bruder. Er läßt den andern so weit in sich hinein, daß er mit ihm leidet und in Gebet und Askese vor Gott für ihn ringt, daß er wieder gesund wird. Und diese büßende Liebe strahlt auf den andern aus und heilt ihn.

d) Antwort durch Symbolhandlung

Oft weisen die Väter nicht durch Worte, sondern durch ihr eigenes Tun oder durch Symbolhandlungen, die sie dem Bruder auftragen, auf den richtigen Weg hin. So macht es Abba Mose, als die Mönche eine Versammlung halten über einen Bruder, der gefallen war:
"Mose erhob sich und kam. Er nahm einen durchlöcherten Korb, füllte ihn mit Sand und nahm ihn auf die Schulter. Die Brüder gingen ihm entgegen und sagten zu ihm: "Was ist das, Vater?" Da sprach der Greis zu ihnen: "Das sind meine Sünden. Hinter mir rinnen sie heraus, und ich sehe sie nicht, und nun bin ich heute gekommen, um fremde Sünden zu richten." Als sie das hörten, sagten sie nichts mehr zu dem Bruder, sondern verziehen ihm." (Apo 496)
Nicht durch Vorwürfe überzeugt Abbas Mose die Mönche von ihrem falschen Tun, sondern durch die Symbolhandlung mit dem durchlö-

cherten Korb. Aber so überzeugt er sie wirklich und verändert ihr Tun.

Altvater Antonios trägt einem Bruder, der die Welt verlassen und einigen Besitz für sich zurückbehalten hatte, eine Symbolhandlung auf: "Wenn du Mönch werden willst, dann geh in das Dorf da, kaufe Fleisch, lege es um den bloßen Leib und komm dann so hierher." Der Bruder tat dies, und Hunde und Vögel zerfleischten seinen Leib. Als er mit dem Alten zusammentraf, erkundigte sich dieser, ob sein Rat ausgeführt worden sei. Da zeigte ihm jener seinen zerfetzten Leib, und der heilige Antonios sagte: "Die der Welt entsagt haben und doch Güter besitzen wollen, werden von den Dämonen so im Kampfe niedergeschlagen." (Apo 20)

Man kann sich vorstellen, daß dieser Bruder durch seine Erfahrung mit den Hunden und Vögeln mehr gelernt hat als durch jede Unterweisung.

"Ein Bruder kam zum Altvater Poimen und sagte: Vater, ich habe vielerlei Gedanken und komme durch sie in Gefahr. Der Altvater führte ihn ins Freie und sagte zu ihm: Breite dein Obergewand aus und halte die Winde auf! Er antwortete: Das kann ich nicht! Da sagte der Greis zu ihm: Wenn du das nicht kannst, dann kannst du auch deine Gedanken nicht hindern, zu dir zu kommen. Aber es ist deine Aufgabe, ihnen zu widerstehen." (Apo 602)

Poimen führt den Bruder langsam zum richtigen Umgang mit den Gedanken heran. Er läßt ihn erst eine Erfahrung machen. Er zeigt ihm, daß sich die Winde nicht aufhalten lassen. Diese Erfahrung ist die Voraussetzung, daß er nun auch verstehen kann, wie die Gedanken wirken. Auch sie kommen, ohne daß wir es wollen und ohne daß wir es verhindern können. Wenn der Altvater ihn sofort über das Wesen der Gedanken belehrt hätte, wäre

es im Kopf geblieben. So aber deuten seine Worte die Erfahrung aus, die er gemacht hat. Und der Bruder kann sie verstehen. Er braucht sich keine Schuldgefühle mehr zu machen, wenn die Gedanken kommen. Und er weiß, wie er in Zukunft mit den Gedanken umgehen kann.
Mit einer Symbolhandlung antwortet ein Mönch auf seine beiden Brüder, die verzagt und in gedrückter Stimmung zu ihm kommen, weil sie nicht allen Menschen helfen und nicht alle heilen konnten:
"Er schwieg eine Weile, dann goß er Wasser in ein Gefäß und sagte ihnen, sie sollten hineinschauen. Das Wasser war aber noch ganz unruhig. Nach einiger Zeit ließ er sie wieder hineinschauen und sprach: "Betrachtet nun, wie ruhig das Wasser jetzt geworden ist." Und sie schauten hinein und erblickten ihr Angesicht wie in einem Spiegel. Darauf sagte er weiter: "So geht es dem, der unter den Menschen weilt: Wegen der Unruhe und Verwirrung kann er seine Sünden nicht sehen. Wer sich aber ruhig hält und besonders in der Einsamkeit, der wird bald seine Fehler einsehen." (Apo 987)

e) die Entscheidung nicht abnehmen

Die Altväter weigern sich, dem Fragenden die Entscheidung abzunehmen, wenn er darum bittet. Aber oft führen sie mit ihren Ratschlägen den andern in eine Erfahrung, die ihm hilft, eine Entscheidung zu treffen. So rät ein Abbas einem Mönch, der ihn fragt, ob er seine Goldmünzen für eine eventuelle Krankheit zurücklege dürfe, er solle es tun, obwohl er weiß, daß das nicht die Lösung ist. Aber nun, da der Bruder die Goldmünzen behalten darf, wird er ganz unruhig und im nochmaligen Gespräch mit dem Altvater kann er sie nun weggeben und seine sorgenden Gedanken auf Gott werfen. (Apo 949) Der Altvater hatte gespürt, daß der andere ihn mit seiner Frage nur benutzen und in Wirklichkeit seine Goldmünzen behalten wollte. Er ließ ihm seinen Willen und führte ihn gerade so zur Erkenntnis des Willens Gottes. Das ist paradox. Aber das wird in der modernen Psychologie nicht anders gehandhabt. Die paradoxe Intention, von der Viktor Frankl spricht, arbeitet zumindest ähnlich. Der Altvater bricht nie den Willen des andern. Wenn er eindeutig befehlen würde, dann würde er sofort die Gegenkraft im andern provozieren. Indem er ihn auf sich selbst verweist, muß der andere lernen, zu verstehen, was für ihn selbst gut ist.

Die Altväter entscheiden nicht für den andern, denn entscheiden muß jeder für sich. Sie können niemandem das Ringen um den Willen Gottes ersparen. So tut es Poimen mit einem Bruder, der ihn fragt, ob er bei seinem Altvater bleiben solle, obwohl das für seine Seele nicht gut war:
"Der Altvater wußte, daß er Schaden litt, doch wunderte er sich, daß er ihn fragte, ob er noch bleiben sollte. Und er antwortete: "Wenn du willst, so bleibe!"
Poimen befiehlt ihm auch beim zweiten Kommen nicht, daß er seinen Altvater verlassen solle. Aber er rät ihm auch nicht zum Bleiben. Er konfrontiert ihn mit der eigenen Erfahrung. Erst als der Bruder beim dritten Treffen selbst sagt, daß er nun gehen möchte, bestätigt ihn Poimen:
"Sieh, nun mögest du gerettet werden! Geh und bleib nicht mehr. Und der Altvater fuhr fort: "Muß ein Mensch, wenn er den Schaden an seiner Seele sieht, dann noch fragen? Man fragt bezüglich verborgener Gedanken, und die Väter haben

zu prüfen. Doch wenn es sich um eine klare Sünde handelt, soll man nicht erst fragen, sondern gleich abschneiden." (Miller 200)
Viele Ratsuchende möchten die Verantwortung für ihr Leben dem geistlichen Begleiter aufbürden. Poimen weigert sich. Er läßt sich nicht dazu mißbrauchen, das Leben des andern zu gestalten. Geistliche Begleitung heißt für ihn, die verborgenen Gedanken, die der andere offenbart, zu prüfen. Es heißt, dem andern helfen, den Sinn seiner Gedanken zu verstehen. Es heißt aber nicht, dem andern genau zu sagen, was er zu tun hat und wie er sich entscheiden soll.
Der geistliche Vater darf dem Ratsuchenden nie die Entscheidung abnehmen, aber er darf ihm Entscheidungshilfen geben, er darf ihm Kriterien für seine Entscheidung an die Hand geben. So heißt es in einem Apophthegma:
"Ein Bruder fragte Abbas Joseph: "Ich möchte das Koinobion verlassen und allein leben." Da sagte der Altvater zu ihm: "Wo du deine Seele in Ruhe und ohne Schaden siehst, dort laß dich nieder!" Der Bruder erwiderte: "Sowohl im Koinobion als auch allein habe ich Ruhe. Was willst du, daß ich tue?“
Da antwortete der Altvater: "Wenn du sowohl im Koinobion als auch in der Einsamkeit Ruhe findest, lege deine beiden Gedanken wie auf eine Waage, und wo du siehst, daß dein Gedanke mehr Nutzen hat und wo er hinneigt, das tue!" (Miller 133)
Abbas Joseph gibt dem Bruder Kriterien an, nach denen er entscheiden soll. Das Kriterium ist die innere Ruhe. Da das Kriterium allein für eine Entscheidung nicht reicht, gibt er ihm die Übung an, er solle beide Alternativen anschauen und dann seine Gefühle beobachten. Wo sein Gedanke mehr Nutzen hat, das solle er tun. Er soll also

selber spüren, was ihn mehr reizt und zu welcher Alternative er mehr hinneigt. Ein Kriterium für die Entscheidung ist immer, wo ich mich lebendiger fühle, freier, echter, authentischer, wo sich neue Räume in mir auftun. Abbas Joseph zwingt also den Ratsuchenden zu einem ehrlichen und wachsamen Umgang mit den eigenen Gefühlen und mit den Regungen seiner Seele. Im Achten auf die Bewegungen der Seele wird er Gottes Willen erkennen. Gottes Wille ist nicht etwas, das uns von außen auferlegt wird, sondern er entspricht unserem innersten Wesen. Der Wille Gottes bringt unserer Seele Nutzen, er bringt uns unserem wahren Selbst näher.

Auch Abbas Nisteroos weigert sich, die Frage eines Bruders, welches gute Werk er tun solle, selbst zu entscheiden. Er zählt dem Bruder viele Werke auf, die alle gleich gut sind. Und dann gibt er ihm eine Aufgabe, daß er selbst erkennen solle, was für ihn angemessen wäre: "Wovon du siehst, daß es deine Seele im Einklang mit Gott will, das tue, und du wirst dein Herz bewahren!" (Apo 557)

Er soll also seine Seele beobachten und wenn er sie im Einklang mit Gott spürt, soll er das tun. Je mehr wir nach innen gehen, desto klarer erkennen wir, was unserer Seele gut tut, desto deutlicher zeigt uns Gott, was unserem innersten Wesen entspricht.

f) Verweigerung des Wortes

Manchmal geben die Väter gar keine Antwort und lassen nur ihr Schweigen sprechen. So sagt Altvater Pambo, als die Brüder ihn aufforderten, vor dem Erzbischof Theophilos eine Ansprache zu halten: "Wenn er aus meinem Schweigen kei-

nen Nutzen zieht, dann kann er es auch nicht aus meiner Rede." (Apo 305)
Das Schweigen zwingt den Ratsuchenden, von der theoretischen Ebene auf die Ebene der Erfahrung überzuwechseln. Die Väter sind skeptisch gegenüber theologischen Diskussionen, die oft nur von der Erfahrung und von der eigenen Situation ablenken. Als ein Einsiedler zu Poimen kommt und mit ihm über die Schrift, über geistliche und himmlische Dinge spricht, da sagt Poimen kein Wort. Der Einsiedler, der eine weite Reise extra zum berühmten Altvater Poimen gemacht hat, will betrübt weggehen. Da geht sein Begleiter zu Poimen und sagt:
"Vater deinetwegen kam dieser große Mann, der in seiner Gegend ein so großes Ansehen besitzt. Warum hast du denn nicht mit ihm gesprochen?" Der Greis gab zur Antwort: "Er wohnt in den Höhen und spricht Himmlisches, ich aber gehöre zu denen drunten und rede Irdisches. Wenn er von den Leidenschaften der Seele gesprochen hätte, dann hätte ich ihm wohl Antwort gegeben. Wenn er aber über Geistliches spricht, so verstehe ich das nicht." (Apo 582)
Jetzt kann Poimen mit ihm über die eigentlichen Fragen des Lebens sprechen. Das Gespräch über die geistlichen und himmlischen Dinge war nur ein Scheingespräch, nur ein Ablenken von sich selbst. Poimen zwingt den Einsiedler, über seine Leidenschaften zu sprechen, die ihn von Gott trennen. Und nun wird das Gespräch ehrlich, da versteckt sich keiner mehr hinter theologischen Lehren, da spricht jeder von sich und seiner Suche nach Gott, von den Leidenschaften, die ihn daran hindern, Gott zu begegnen, und von dem Gott, der die Sehnsucht des Herzens erfüllt. Poimen läßt sich nicht vom Fragesteller die Spielregeln für das Gespräch aufzwingen. Er folgt seinem eige-

nen Gespür. Es ist die Haltung der Kongruenz, die Rogers vom Begleiter fordert. Poimen bleibt mit sich in Einklang, er läßt sich nicht vereinnahmen. Wenn er spürt, daß der andere ihn nur benutzen will, um sich mit dem Wort zu rühmen, das er von ihm gehört hat, dann verweigert er sich, dann traut er seinem Gefühl. Und weil er seinem Gefühl traut, verwandelt sich auch im Fragesteller etwas. Er kann nun nicht mehr die Rolle des Neugierigen spielen, sondern er wird mit seiner eigenen Wahrheit konfrontiert. Geistliche Begleitung ist kein interessantes theologisches Gespräch, sondern ein Gespräch über die Regungen der Seele, über die Wahrheit des Herzens, um von dort aus den wahren Gott zu erkennen und zu lieben.

Wenn ein Altvater nicht sofort antwortet, so verunsichert sein Schweigen die Ratsuchenden und zwingt sie, sich selber in Frage zu stellen. Und das Schweigen macht sie offener für die Antwort. So läßt Altvater Pambo die Brüder, die ihm ihre asketischen Praktiken zur Begutachtung vorlegen, vier Tage lang warten. Als sie entmutigt weggehen wollen, überträgt er ihre Übungen auf sich und fügt jedesmal hinzu: "aber wird er dadurch ein Mönch?" Und immer wieder verneint er die Frage. Und dann belehrt er sie:

"Eure Übungen sind gut, aber wenn ihr euer Gewissen vor Fehlern gegen den Nächsten bewahrt, dann werdet ihr gerettet werden." Zu klarer Erkenntnis gelangt, gingen sie mit Freuden davon." (Apo 763)

Wenn Abbas Pambo den Brüdern sofort geantwortet hätte, wäre es nur um die Frage der äußeren Praxis gegangen. Durch das Schweigen zwingt er sie auf eine tiefere Ebene, da führt er sie von ihren Übungen weg zur Nächstenliebe. Sie ist das eigentliche Werk des Mönches. Das Schweigen

hat die Brüder dafür bereitet, daß sie ihre Übungen relativieren und sich dem eigentlichen Weg zuwenden, dem Weg der Liebe.
Die Mönche verweigern immer dann das Wort, wenn sie spüren, daß der andere das Wort gar nicht befolgen, sondern sich nur der Worte eines angesehenen Altvaters rühmen will. So schweigt Abbas Theodoros einem Bruder gegenüber drei Tage lang. Als ihm seine Schüler Vorwürfe machen, antwortet er ihnen:
"Wirklich, ich wollte nicht zu ihm sprechen. Er ist ein Wichtigtuer und will sich mit fremden Worten rühmen." (Apo 270) Ähnlich antwortet Abbas Philikas Weltleuten, die von ihm ein Wort hören wollen:
"Jetzt gibt es kein Wort mehr. Als die Brüder früher die Altväter fragten und taten, was diese ihnen sagten, gab Gott ihnen ein, wie sie reden sollten. Heutzutags aber, da man zwar fragt, aber nicht tut, was man hört, hat Gott den Altvätern die Gnade des Wortes entzogen, und sie finden nicht, was sie sagen sollen, weil niemand ist, der es ausführt!" (Miller 231)

g) behutsam zur Wahrheit führen

Eine andere Methode besteht darin, den Fragenden selbst die Antwort finden zu lassen. Es ist letztlich die nondirektive Gesprächsmethode, die dem andern keine Antwort auf seine Fragen gibt, sondern ihn im Gespräch allmählich dahin führt, daß er selbst erkennt, was für ihn gut ist. Rogers, der diese Art der Therapie entwickelt hat, sieht die Aufgabe des Begleiters darin, "die seelischen Selbstheilungskräfte zu aktivieren, d.h. Bedingungen zu schaffen, die es dem Betroffenen ermöglichen, zu seinem eigentlichen Selbst zurückzufinden".[13] In den Vätersprüchen begegnen wir öfter diesem Modell der Therapie, wenn ein Altvater den Darlegungen des Gesprächspartners nicht widerspricht, sondern ihn erst in aller Ruhe erklären läßt, was er selbst denkt. Erst dann wird der Partner so offen, daß er von selbst seine Wahrheit erkennt und annimmt. So macht es Abbas Lukios in Enaton mit den Euchiten, mit Mönchen, die nur beten, ohne zu arbeiten. Er läßt sie ihre Praxis erklären, stellt Fragen dazu und kann schließlich seine Praxis so darlegen, daß sie die Fragwürdigkeit ihres Lebens erkennen. (Vgl.Apo 446)

Ein anderer Altvater zeigt einem Bruder dadurch seine wirkliche Absicht auf, daß er seine Worte wiederholt und mit jeder Wiederholung verdeutlicht. Der Bruder sagt zu ihm:

"Abbas, ich möchte einen Altvater finden, der ganz nach meinem Sinn ist und bei dem will ich bleiben." Der Altvater bestätigt ihn zunächst, fragt dann aber weiter:

"Also, wenn du einen Greis findest nach deinem Willen, dann willst du bei ihm bleiben? Jener antwortete: Ja, das ist ganz mein Wunsch, vorausgesetzt, daß ich einen nach meinem Sinn finde. Da sagte der Altvater zu ihm: Du willst also nicht dem Willen dieses Greises folgen, sondern du verlangst, daß jener deinem Willen folge, dann wärest du also zufrieden? Nun fühlte der Bruder, was der Greis meinte, er erhob sich, warf sich zur Erde nieder zur Buße und sagte: Verzeihe mir, Vater, daß ich so ehrsüchtig war und glaubte, recht zu reden, obwohl ich nichts Gutes im Sinn hatte." (Apo 1123)

Indem der Altvater dem Bruder seine eigenen Worte vor Augen hält, führt er ihn allmählich dazu, daß er den Egoismus darin entdeckt. Er lehnt die Worte des Bruders nicht sofort ab,

sondern verdeutlicht sie durch die Wiederholung, bis der Bruder selbst erkennt, was er damit eigentlich gemeint hat, daß er da auf einem Irrweg war. Wenn sich ein Gesprächspartner hinter Floskeln und Formeln versteckt, dann wenden die Altväter eine andere Methode an, um zur Wahrheit zu führen. Sie testen die frommen Worte, um sie auf ihre Echtheit hin zu überprüfen. So kommt ein Bruder zu Abbas Serapion und nennt sich immer nur einen unwürdigen Sünder. Als Serapion ihm rät, er solle in seinem Kellion bleiben und sich darin selber aushalten, da wird er ganz ärgerlich. Auf einmal ist er nicht mehr der unwürdige Sünder:
"Sein Aussehen veränderte sich so, daß es dem Greis nicht verborgen blieb. Nun sprach der Altvater Serapion zu ihm: "Bis jetzt hast du gesagt: ich bin ein Sünder, und klagtest dich an, des Lebens nicht würdig zu sein. Nachdem ich dich aber in Liebe erinnert habe, bist du so wild geworden. Wenn du demütig sein willst, dann lerne es mannhaft ertragen, was dir von anderen zugebracht wird und halte an dich mit leeren Worten." Als der Bruder das hörte, fiel er dem Greis zu Füßen und ging dann mit großem Nutzen weg." (Apo 878)
Der Altvater zeigt dem Bruder an seinem eigenen Verhalten auf, daß da etwas nicht stimmt. Er belehrt ihn also wieder nicht von außen, sondern er durchschaut sein frömmelndes Verhalten und zeigt ihm in seinen eigenen Reaktionen auf, daß seine Frömmigkeit nicht stimmt, daß sich dahinter nur Stolz verbirgt, ein Stolz, der sich vor den Menschen als fromm gibt, in Wirklichkeit aber blind ist für die eigene Realität.
Die Altväter testen oft einen Mönch, ob seine Frömmigkeit stimmt oder nicht. Der wichtigste Test ist dabei der auf die Demut. Wenn einer auf

Vorwürfe gleich beleidigt reagiert, zeigt er damit, daß ihm sein Ruf mehr wert ist als Gott, daß er seine Frömmigkeit zur Steigerung seines Selbstwertgefühls mißbraucht, anstatt darin Gott zu suchen. So heißt es in einem Apophthegma:
"Ein Mönch wurde von den Brüdern vor Antonios gelobt. Da nahm er ihn vor und stellte ihn auf die Probe, ob er Beleidigungen ertragen könne. Als er feststellen mußte, daß er sie nicht ertrug, sagte er zu ihm: "Du gleichst einem Dorf, das zwar vorne schön geschmückt ist, hinten jedoch von Räubern verwüstet wird." (Apo 15)
Die Worte allein können oft nicht erweisen, ob eine Spiritualität echt ist oder nicht. Die Reaktionen, gerade die starken Emotionen wie Zorn oder Ärger zeigen, daß die Motivation zum geistlichen Leben nicht stimmt, daß es immer noch eigene Interessen sind und nicht die Suche nach Gott. Viele benutzen Gott, um vor den Menschen besser dazustehen. Sie kommen sich frömmer und reifer vor als die andern, die nicht so asketisch sind. Aber letztlich geht es ihnen nicht um Gott, sondern um den eigenen Selbstwert, um das Ansehen bei den Menschen und um das Gefühl, ihnen spirituell überlegen zu sein.
So heißt es in einem Apophthegma:
"Abbas Antonius sagte: Eines Tages saß ich bei Abbas Arphat, da kam eine Jungfrau und sagte: Vater, ich habe 200 Wochen gefastet, indem ich nur alle sechs Tage aß, ich habe das Alte und Neue Testament gelernt, was bleibt mir noch zu tun? Der Alte sagte ihr: Ist für dich der Tadel wie die Ehre? Sie sagte: Nein. Die Niederlage wie der Sieg, die Fremden wie die Eltern, der Mangel wie der Überfluß? Sie sagte: Nein. Der Alte schloß: Also hast du dich selbst getäuscht. Geh arbeiten, denn du hast gar nichts." (N 518)
Hier berührt Antonios die von Ignatius immer

wieder geforderte Indifferenz. Weil wir auf Gott hin geschaffen sind, sollen wir allen geschaffenen Dingen gegenüber gleichmütig, indifferent sein. Die Indifferenz ist Zeichen, daß wir wahrhaft Gott suchen. Wenn es uns um Gott allein geht, dann begehren wir "Gesundheit nicht mehr als Krankheit, Reichtum nicht mehr als Armut, Ehre nicht mehr als Ehrlosigkeit, langes Leben nicht mehr als kurzes"[14].

Abbas Zeno testet einmal einen berühmten Faster. Er läßt ihn zu sich kommen und ohne ein Wort zu sprechen, setzt er sich neben ihn und arbeitet. Da wird der Faster ganz ungeduldig, er wird von der Unlust (akedia) gequält. Als er auf seine Fastenpraxis in seinem Dorf verweist, antwortet ihm Zeno:

"Im Dorf hattest du deinen Ohrenschmaus. Aber geh weg und speise von jetzt an zur neunten Stunde. Und wenn du etwas tust, dann tu es im Verborgenen!" (Apo 242)

Nicht durch theoretische Gespräche über den Wert des Fastens überzeugt Zeno den Faster von seinen falschen Motiven, sondern indem er ihn durch sein Schweigen testet. Und so kann er ihn auf seinem geistlichen Weg weiterführen.

Ein andermal kann die genaue Beobachtung des Verhaltens dem Altvater helfen, das eigentliche Problem des andern anzusprechen und ihn zu ermuntern, es selbst zu benennen. So merkt Poimen, daß ein Bruder, der immer wieder zu ihm kommt, die eigentliche Wunde nicht ausspricht. Schließlich spricht er ihn selber an: "Siehe, nun kommst du schon so lange mit deinen Gedanken her, um sie mir mitzuteilen, und wenn du da bist, dann willst du nicht von ihnen sprechen, sondern jedes Mal gehst du betrübt weg, weil du sie hast. Sage mir nun, mein Kind, was hast du?" (Apo 667)

Poimen wartet also nicht, bis der andere sein

Problem von selbst sagt, sondern er ergreift die Initiative und fordert ihn auf, zu sprechen. Das ist für den Bruder erleichternd. Von alleine hätte er den Mut dazu nicht aufgebracht. Hier ist das Gespräch nicht nur Zuhören und Klären, sondern aktives Eingreifen, Mutmachen, das Eigentliche anzusprechen. Oft ist das der einzige Weg, weiter zu kommen. Aber dazu braucht es die Gabe der Unterscheidung, ob der andere sprechen kann und ob es ihm jetzt gut tut.

h) diakrisis - die Gabe der Unterscheidung

Abbas Ammonas beschreibt die Unterscheidungsgabe, die die wesentliche Voraussetzung für jeden geistlichen Vater ist, so:
"Da verbringt einer seine ganze Zeit damit, die Axt herumzutragen, und kann keinen Baum fällen. Ein anderer versteht sich auf das Fällen und legt mit wenigen Streichen den Baum um. Und er erklärte, daß die Axt die Unterscheidungsgabe bedeute." (Apo 626)
Wer die Unterscheidungsgabe hat, der kommt im Gespräch schnell auf den Punkt, um den es eigentlich geht. Er läßt sich nicht auf Scheingefechte ein, sondern spürt, was dem andern wirklich gut tut, er erkennt hinter den Worten die eigentliche Aussageabsicht. Und er hat ein Gespür für den einzelnen, was für diesen konkreten Menschen angemessen ist. Nicht für jeden gilt die gleiche Regel. Wer die Gabe der diakrisis besitzt, weiß, welcher Weg für jeden stimmt. So rät Altvater Joseph dem Abbas Poimen, er solle die Leidenschaften ruhig eintreten lassen und mit ihnen kämpfen. Einem andern hatte er geraten: "Laß sie ganz und gar nicht hereinkommen, sondern haue sie auf der Stelle aus!" (Apo 386) Auf die Frage,

warum er so verschiedenen Rat gegeben habe, antwortet Joseph: "Wenn die Leidenschaften eintreten und du ihnen gibst und von ihnen nimmst, so werden sie dich bewährter machen. Ich habe aber zu dir gesprochen wie zu mir selbst! Es gibt aber andere, denen es nicht frommt, daß die Leidenschaften an sie herankommen. Sie haben es nötig, sie auf der Stelle abzuschneiden." (Apo 386).

Es gibt Menschen, die die Leidenschaften nicht an sich heranlassen dürfen, weil sie sonst davon verschlungen würden. C. G. Jung meint, bei manchen dürfe man das Unbewußte nicht wekken, weil es sie überschwemmen würde. Aber es ist nicht nur eine Sache der verschiedenen Typen von Menschen, sondern es kommt auch auf die Situation und auf die Art der Gedanken an. Bei manchen Gedanken ist es besser, sie gar nicht zuzulassen, sondern sie sofort abzuschneiden. Bei anderen dagegen wäre das eine Flucht und würde uns nicht weiterführen. Da wäre es besser, sich mit ihnen auseinanderzusetzen. Ja, Evagrius rät sogar, daß wir uns mit den verschiedenen Leidenschaften vertraut machen, um sie dann besser bekämpfen zu können. (Prakt 43 und 50) Man soll die Leidenschaften zu Ende denken, dann werden wir erkennen, was sie uns sagen wollen. Der Zorn z.B. weist oft darauf hin, daß wir andern zuviel Macht über uns gegeben haben. Dann sollten wir die Kraft, die in der Leidenschaft des Zornes steckt, nützen, um uns von der Macht des andern zu befreien. Oder wenn wir unsere Traurigkeit zulassen und uns in sie hineinspüren, können wir ihre tiefste Ursache entdecken. Vielleicht sind es übertriebene Wünsche, die wir an das Leben haben, vielleicht ist es eine tiefe Wunde in der Kindheit, eine Verlusterfahrung oder eine Verletzung, die noch nicht verheilt ist.

Die Kunst des geistlichen Vaters besteht nun darin, zu erkennen, welcher Weg für den einzelnen richtig ist, ob er die Gedanken abschneiden soll oder ob er sich mit ihnen beschäftigen und ihnen auf den Grund gehen soll. Dazu muß er sich in den andern hineinspüren und er muß auf den Geist Gottes hören, der ihm offenbart, was der andere braucht. Die diakrisis ist nicht eine Fähigkeit, die er sich erwerben kann, sondern eine Gabe des Hl. Geistes, um die er immer wieder beten muß. Es braucht die eigene Erfahrung im Umgang mit den Gedanken und Gefühlen, aber es braucht auch das Hören auf den Geist, damit er für den jeweiligen Augenblick erkennt, was für den andern gut ist.

i) Gefühle und Bedürfnisse zulassen

"Ein Bruder kam zum Altvater Makarios, dem Ägypter, und sagte zu ihm: Vater, sage mir ein Wort! Wie kann ich das Heil erlangen? Der Greis belehrte ihn: Gehe hin zum Grabmal und höhne die Toten. Der Bruder ging also hin, verhöhnte und warf mit Steinen. Dann kam er zurück und berichtete dem Greis. Der fragte: Haben sie dir nichts gesagt? Er antwortete: Nein. Da sprach der Greis zu ihm: Gehe morgen wieder hin und lobe sie! Der Bruder ging hin und lobte sie und sprach: Apostel, Heilige, Gerechte! Und er kam zum Greis und berichtete: Ich habe sie gelobt! Und er fragte ihn: Haben sie nichts geantwortet? Der Bruder antwortete: Nein! Da belehrte ihn der Greis: Du weißt, wie sehr du sie geschmäht hast, und sie antworteten dir nicht - und wieviel du sie gelobt hast, und sie haben nichts zu dir gesagt. So mußt auch du sein, wenn du das Heil erlangen willst. Werde ein Leichnam, beachte weder das

Unrecht der Menschen, noch ihr Lob - wie die Toten, und du wirst gerettet werden! (Apo 476)

Abbas Makarios beantwortet die Frage des Bruders nicht, sondern stellt ihm eine Aufgabe, die ihn belehren soll. Er läßt ihn die Toten verhöhnen. Man kann sich vorstellen, was sich in der Seele eines Menschen tut, der mit voller Kraft alle seine negativen Gefühle und den ganzen Vorrat an Schimpfwörtern ausagieren soll. Irgendwann wird er nicht mehr schimpfen können. Weil er es darf, wird es ihm bald vergehen. Aber zugleich wird ihn das Schimpfen von seinen Aggressionen befreien und seine Seele von negativen Emotionen reinigen. Doch dann läßt Makarios den Bruder die Toten loben. Er soll nun die entgegengesetzten Gefühle zulassen und lauter Lobsprüche sagen. Auch damit wird er bald zu Ende sein. Und auch das wird ihn irgendwie leer machen. Erst jetzt kann ihm Makarios das Geheimnis der christlichen Freiheit erklären, das Geheimnis, daß wir auf einer anderen Ebene leben als auf der Ebene von Lob und Tadel, daß wir durch die Taufe dieser Welt gestorben sind und in Gott eine neue Identität gefunden haben. Jetzt ist es keine theoretische Wahrheit mehr, sondern Ausdruck einer Erfahrung. Wenn wir in Gott unseren Grund haben, dann definieren wir uns nicht mehr von Lob und Tadel, dann definieren wir uns nicht mehr von Beziehungen, von Erfolg oder Mißerfolg, dann erfahren wir die Freiheit der Kinder Gottes, die Freiheit von der Macht dieser Welt. Aber das ist keine Wahrheit, die Makarios dem Bruder überstülpt, sondern eine Einsicht, die gerade durch das Ausagieren positiver wie negativer Gefühle aufleuchten kann. Der Bruder agiert seine Gefühle nicht planlos aus, sondern in einer geformten Weise, in einer konkreten Aufgabe, die ihm von Makarios gestellt wird. Das verwandelt seine Gefühle, so daß am Ende das Gespür für den Gott steht, der uns von unserer Abhängigkeiten befreit.

In einem anderen Väterspruch wird geschildert, wie nicht nur Gefühle, sondern auch die innersten Bedürfnisse ausagiert werden sollen:

"Der Abbas Olympios von den Kellien wurde zur Unreinheit versucht. Sein Gedanke sagte zu ihm: "Geh und nimm ein Weib!" Da stand er auf, bereitete Lehm, bildete ein Weib und sprach zu sich: "Sieh, das ist dein Weib, jetzt mußt du viel arbeiten, um sie zu ernähren." Und er arbeitete mit großer Anstrengung. Nach einem Tag machte er wieder Lehm zurecht und formte daraus eine Tochter, und er sprach zu sich: "Dein Weib hat geboren! Nun mußt du noch mehr arbeiten, damit du dein Kind ernähren und bekleiden kannst." Mit solchem Tun arbeitete er sich auf und sagte zu sich: Ich vermag die Mühe nicht mehr zu ertragen. Und er sprach zu sich: "Wenn du die Mühe nicht ertragen kannst, dann verlange auch nicht nach einem Weibe." Gott sah seine Anstrengung und nahm den Kampf von ihm, und er bekam Ruhe." (Apo 572)

Olympios schneidet sein Bedürfnis nach einer Frau nicht ab, sondern er agiert es handgreiflich aus, indem er eine Frau und eine Tochter formt. Er stellt sich seinem Bedürfnis, er schaut es an, beschäftigt sich damit. Er verbietet es sich nicht, sondern gestaltet es, natürlich immer vor den Augen Gottes. Und weil er es sich nicht verbietet, sondern wirklich zuläßt, wird er frei davon. Diese Methode wird in der Psychologie verwendet, indem man seine Bedürfnisse ausgestaltet, sie malt oder in Ton formt, sie spielerisch darstellt, sie aufschreibt oder sie einem andern erzählt, der dazu gar nichts sagt, sondern wartet, bis man alles erzählt hat. Auch das reinigt. Es nimmt den

Überdruck, der durch das Verbieten des Bedürfnisses entsteht. Es bringt uns in eine realistische Haltung gegenüber dem Bedürfnis. Wenn wir es wirklich zulassen, können wir frei entscheiden, ob wir es auch in Wirklichkeit leben oder ob wir darauf verzichten wollen. Nur was angeschaut wird, kann verwandelt werden. Wenn ich in der Askese sofort das Bedürfnis bekämpfe, kann das oft auch Verdrängung sein. Silvia Ostertag meinte einmal, viele würden der Verdrängung wegen meditieren und nicht um der Verwandlung willen. Das gilt auch für die Askese. Die Mönchsväter ermuntern uns, die Bedürfnisse wirklich anzuschauen, auszuagieren, damit sie verwandelt werden können.

Die monastische Askese ist eine Askese der Verwandlung und nicht der Veränderung. Verändern ist etwas Gewaltsames. Ich will mich ändern, weil ich so, wie ich bin, nicht gut bin. Ich will mich anders machen, einen andern aus mir machen. Verwandlung ist sanfter. Alles darf sein, alle Gedanken und Gefühle, alle Bedürfnisse und Leidenschaften. Sie müssen nur verwandelt werden. Verwandlung meint, daß ich mich in die Bedürfnisse und Leidenschaften hineinspüre und sie zu Ende denke, zu Ende fühle. Dann entdecke ich, was eigentlich darin gemeint ist. Wenn ich meine Wut zu Ende fühle, werde ich am Ende meiner Wut mit dem Mitleid in Berührung kommen, das ich dem andern gegenüber empfinde. Dann kann ich wirklich vergeben, weil ich spüre, daß der andere auch nur ein Mensch ist. Wenn ich mir die Wut verbiete, dann werde ich trotz aller Versuche, dem andern zu vergeben, in mir Ablehnung und Abneigung spüren. Nur die zu Ende gefühlte Wut kann sich in Mitleid und Vergebung verwandeln. Wenn ich meine Sexualität zu Ende denke, wenn ich sie nicht gleich unterdrücke, wenn sie sich regt, sondern sie wie Olympios symbolisch darstelle und anschaue, mir Zeit lasse, sie zu fühlen und mir ihr umzugehen, dann kann sie sich in Lebendigkeit und Liebe verwandeln, in die Fähigkeit zu Nähe und Intimität. Natürlich gibt es keinen billigen Trick, meine Sexualität sofort zu verwandeln. Es ist vielmehr ein langer Weg, auf dem ich meine Sexualität immer wieder spüre, auf dem sie mich immer wieder bedrängt. Verwandlung heißt, daß ich sie solange anschaue, annehme, Gott hinhalte, meine Ohnmacht Gott übergebe, bis auf einmal ein Gespür für den Gott aufbricht, der mich gerade in meiner Sexualität berührt und zu sich ziehen will.

Verwandelt werden kann nur, was angeschaut wird. Die Mönche verdrängen nichts, sie lassen alles zu, aber sie versuchen, in den Leidenschaften die Kraft zu erspüren, die von Gott kommt. Verwandlung meint, daß das Eigentliche durchbricht durch das Schemenhafte, durch die Rollen und Masken hindurch. Verwandlung versucht, in den Gefühlen und Leidenschaften, in den Stärken und Schwächen, in den Wünschen und Bedürfnissen das zu entdecken, was werden möchte, was in den Blockaden und Gefährdungen meines Lebens an Echtem und Wahren durchkommen möchte. Sie möchte die eigentliche Gestalt in allem erspüren und ihr zum Durchbruch verhelfen. Sie verbietet nichts, sondern sie geht den Leidenschaften und Gefühlen auf den Grund. Alle Gefühle sind gut und haben einen Sinn. Ich muß darauf verzichten, sie zu bewerten. Ich soll vielmehr meine Gefühle befragen, was sie mir sagen, worauf sie mich hinweisen wollen. Was will sich in meiner Angst, in meinem Ärger, in meinem Haß, in meiner Eifersucht, in meiner Sexualität, in meiner Eßsucht zu Wort melden? Was möchte da in mir leben, was ich verdrängt habe? Auf welche inneren Impulse habe ich nicht geachtet, was habe ich an inneren Regungen übersehen? Was möchte Gott in mir aufblühen lassen, was ich verhindere? Die Mönchsväter ermutigen ihre Schüler, ihre Gefühle und Bedürfnisse zuzulassen, damit sie wirklich verwandelt werden können. Sie wissen, daß in den Leidenschaften positive Kräfte schlummern. So sagt ein Altvater: "Wenn du nicht vorher gehaßt hast, kannst du nicht lieben." (Apo 1025) Nur wenn der Gegenpol des Hasses zugelassen wird, kann die Liebe ihre wahre Wirkung zeigen. Eine Liebe, die ganz selbstlos sein will und den Pol der Abgrenzung und der Aggression überspringt, wird unbewußt den andern ablehnen und beherrschen, indem sie ihn vereinnahmt und nicht frei läßt. "Das Nein in der Liebe" (Schellenbaum) ist die Bedingung, daß sie echt ist und den andern heilen kann. Wenn einer aus Angst vor der Versuchung die Leidenschaften abschneidet, dann fehlt ihm auch die Kraft, die darin steckt. Dann wird auch sein geistliches Leben kraftlos sein. Aus der Verwandlung der Leidenschaften entsteht nach Evagrius "Sehnsucht nach dem unendlichen Gott und fast unerschöpfliche Energie" (Prakt 57).

j) Antwort mit einem Koan

Manchmal antworten die Väter auf Fragen oder Bitten mit einer Art Koanwort, mit einem Wort, das auf den ersten Blick hin unverständlich bleibt, das aber gerade so zwingt, die Ebene des Verstandes zu überschreiten und das Wesen des Religiösen zu entdecken, das letztlich nur in paradoxen koanähnlichen Worten ausgedrückt werden kann. Koan ist in der Zenmeditation "eine Aufgabe, deren Lösung durch logisches Denken nicht möglich ist, ein unlösbares Rätsel, unlösbar, weil es einen Widerspruch enthält"[15]. Der Zen-Meister gibt dem Schüler ein Koan auf, das er immer wieder bedenken soll, bis er erfährt, daß er das Wort nie verstehen wird. Dann kann er zum Eigentlichen vorstoßen. "Die meisten Koans sind Aussprüche von berühmten Zen-Meistern, die in einer bestimmten Situation getan wurden." Die Mönchsväter antworten auf die Fragen der Besucher oft ähnlich wie die Zen-Meister. So fragt ein Bruder den Abbas Sisoes: "Erzeige uns die Liebe, und sprich auch selber ein Wort", worauf er sagte: "Wer das Unerklärliche in der Erkenntnis festhält, erfüllt die ganze Schrift." (Apo 776) Das kann man kaum verstehen oder erklären. Es bleibt ein Rätselwort, das aber etwas aufscheinen läßt vom Geheimnis des unerklärlichen Gottes.

Ein Koan ist wohl auch das Wort von Abbas Poimen: Wiederum sprach er: "Zuerst: Fliehe einmal! Das zweite: Fliehe! Und das dritte: Werde ein Schwert:" (Apo 714)

Mit solchen Antworten weigern sich die Altväter, dem Fragenden ein fertiges Rezept zu geben. Oft möchten die Ratsuchenden eine Antwort, an die sie sich halten können. Doch dann denken sie selbst nicht weiter nach. Sie geben alle Verantwortung an den geistlichen Begleiter ab. Die Altväter lassen sich die Verantwortung nicht zuschieben. Sie geben den Suchenden ein Wort mit, das das Problem nicht löst, das sie aber zwingt, weiter zu suchen, bis ihnen das Geheimnis ihres Lebens aufgeht und sie verstehen, wer Gott ist und was Gott mit ihnen will. Das Koanwort will immer wieder meditiert werden, bis man die logische Ebene hinter sich läßt und der Verstand aufgebrochen wird für das Unfaßbare, für den ganz anderen Gott, den man mit Denken nicht begreifen kann.

k) Begleitung durch Umwege

Die Wege der Mönche waren nicht immer gerade und zielstrebig. Oft kommt es vor, daß einer Mönch wird, nachdem er jahrelang andere beraubt und belästigt hat, oder daß einer erst über den Umweg der Sünde wahrhaft Mönch wird. Die Altväter geraten nicht in Panik, wenn zu ihnen ein in Sünde gefallener Mönch kommt. Sie vertrauen darauf, daß Gott auch durch die Sünde hindurch den Menschen für sich aufbrechen kann. Ja, oft scheint die Sünde die Voraussetzung zu sein, daß einer versteht, daß er nicht aus eigener Kraft, sondern nur aus der Gnade und Barmherzigkeit Gottes bestehen kann. So heißt es in einem Väterspruch, daß ein Bruder von der Unkeuschheit angefochten wird und trotz der Ermahnungen des Abbas Paphnutios nach Ägypten zieht, um zu heiraten. Als Paphnutios ihn nach einiger Zeit dort trifft, bittet er ihn:
"Komm wieder zu uns!" Und er (der gefallene Mönche) sagte: "Gibt es da eine Buße, Abbas?" Der sagte: "Ja, sie ist möglich!" Und er verließ alles und folgte ihm. Und er kam in die Sketis, und durch Erfahrung wurde er ein angesehener Mönch." (Apo 789)
Offensichtlich war die Erfahrung der Sünde für diesen Mönch wichtig, damit er das Geheimnis von Gottes Liebe verstehen lernte. Er wurde nicht nur durch Belehrung, sondern durch Erfahrung ein guter Mönch. Manch einer muß erst Irrwege gehen, um den richtigen Weg zu erkennen.
Die Altväter rechnen mit solchen Irrwegen und sind gerne bereit, Ratsuchende auf ihren Irrwegen zu begleiten und sie nach ihren Umwegen weiter voll Vertrauen Gottes Wege zu lehren. Und sie glauben, daß Gott selbst uns Umwege

gehen läßt, um uns durch die Umwege auf den wahren Weg zu führen.

Immer wieder berichten die Apophthegmen davon, daß Dirnen umkehren und die Mönche durch ihre Hinkehr zu Gott erbauen. Oder ein Mann hat gemordet und wird ein demütiger Mönch. Manchmal wird auch von Altvätern berichtet, daß sie durch Fehler lernen. So heißt es vom Altvater Isaak von Theben, daß er einen Bruder verurteilte, der gefallen war. Als er in sein Kellion gehen wollte, stellte sich ihm ein Engel entgegen und ließ ihn nicht eintreten. Er sprach zu ihm:

"Der Herr hat mich mit dem Auftrag gesandt: Sage ihm: Was soll ich mit dem gestrauchelten Bruder, den du gerichtet hast, anfangen?" Auf der Stelle bereute er und sagte: "Ich habe gefehlt, verzeihe mir!" Und der Engel sprach: "Steh auf, Gott hat dir verziehen. Aber sei in Zukunft auf der Hut, und verurteile niemand, ehe der Herr ihn gerichtet hat." (Apo 422)

Isaak wird zu einem großen Altvater. Aber offensichtlich mußte er erst durch die Sünde des Verurteilens hindurch, ehe er barmherzig gegenüber allen Sündern wurde.

l) geistliche Begleitung durch Frauen

Die geistliche Begleitung ist bei den frühen Mönchen nicht nur Sache der Männer, sondern in gleicher Weise auch der Frauen. Es wird weder in der Befähigung ein Unterschied gemacht, noch in den Inhalten, die Männer und Frauen vermitteln. Manchmal werden die gleichen Antworten Männern und Frauen in den Mund gelegt. Ja oft werden die Frauen gerühmt, daß sie die gleiche Kraft und Weisheit haben wie die Männer, daß sie sich

in nichts von ihnen unterscheiden. So kann Amma Sarrha zu zwei Einsiedlern sagen, die sie besuchen: "Der Natur nach bin ich ein Weib, aber nicht meinem Denken nach." (Apo 888) Gegenüber den griechischen Philosophen, die den Frauen die Fähigkeit zu philosophieren absprechen, rühmen die Kirchenväter und die frühen Mönche die Frauen, daß sie die gleiche Kraft zur Askese haben, ja daß sie die Männer oft an "Männlichkeit" (psychike andreia) übertreffen. (Vgl. Hausherr 252ff)
Wenn die frühen Mönchsschriften auf die Begleitung durch Frauen zu sprechen kommen, heben sie die gleiche Fähigkeit und Weisheit hervor. Wenn wir jedoch die Worte anschauen, die Frauen in den Mund gelegt werden, können wir vielleicht doch ein paar Aspekte herausheben, die für die Begleitung durch Frauen typisch sind. So finden sich bei den Frauen oft weibliche Bilder und Vergleiche. Synkletika vergleicht z.B. die stabilitas mit dem Verhalten einer Vogelmutter: "Wenn du in ein Koinobion gekommen bist, so ändere deinen Aufenthalt nicht. Denn du würdest davon großen Schaden nehmen. Wenn der Vogel von seinen Eiern aufsteht, dann werden sie Windeier und unfruchtbar - so auch der Mönch oder die Jungfrau: wenn sie von Ort zu Ort wandern, erkalten sie und ersterben im Glauben." (Apo 897)
Amma Synkletika warnt vor einer überspannten Askese. Und sie meint, die göttliche Askese könnten wir von der dämonischen durch das Maß unterscheiden. "Denn überall ist die Maßlosigkeit verderbenbringend. Solange du jung und gesund bist, faste. Es kommt das Alter mit seiner Schwäche. Soviel du kannst, häufe dir einen Schatz an geistlicher Nahrung auf, damit du Ruhe findest, wenn du nicht mehr kannst." (Apo 906)
Aus diesen Worten spürt man das mütterliche

Gespür für das, was ein Mensch braucht, und das Verständnis für Alter und Schwachheit.
Aus den Worten der Frauen sprechen Barmherzigkeit und Sanftmut. So rät Amma Synkletika: "Des Moses Sanftmut erwähle dir, damit du dein Felsenherz zu Wasserquellen umwandelst." (Apo 902) Das Ziel der Askese ist nach Synkletika nicht die Disziplin, nicht die Härte und der Verzicht, sondern die Sanftmut. Die Sanftmut wandelt unser Felsenherz zu Wasserquellen. Es macht uns fruchtbar und läßt aus unserem Herzen fruchtbringende Quellen entspringen. Sanftmut und Barmherzigkeit sprechen auch aus dem Rat der Amma Sarrha: "Auch der Menschen wegen Almosen zu geben, ist gut. Denn wenn es auch nur wegen der Beliebtheit bei den Menschen geschieht, so geht es dennoch schließlich auf das göttliche Wohlgefallen hinaus." (Apo 890) Es geht Sarrha nicht um absolut reine Motive, sondern um das Vertrauen, daß der Geist Gottes auch durch egoistische Beweggründe hindurch sein Heil wirken kann. Allerdings findet sich die gleiche Haltung auch bei Abbas Poimen (Vgl. Apo 625).
Öfter als die Männer reden Theodora und Synkletika von den Krankheiten. Sie beschreiben sie genau. Offensichtlich haben sie mehr Beziehung zum Leib als die Männer, die eher auf die Übung schauen und weniger auf den Leib, der die Übung ertragen muß. Wir müssen uns mit dem eigenen Leib aussöhnen. So sagt Synkletika:
"Denn das ist die große Askese: In Krankheiten tapfer aushalten und Dankeshymnen zu Gott emporsenden." (Apo 899)
Unsere Askese ist nicht nur aktiv, sondern sie besteht auch im Ausleiden der Krankheit, im Annehmen dessen, was Gott uns in unserem Leib sagen möchte.
Theodora sieht den Zusammenhang der Seele

und des Leibes, die psychosomatischen Hintergründe von Krankheit. Und sie gibt den Rat, aktiv auf die Symptome der Krankheit zu reagieren. So erzählt sie, daß "der Böse" die Seele mit Unlust (akedia) beschwert:
"Er beschwert auch den Leib mit Schwächlichkeit, Nachlassen der Spannkraft, Schlaffheit der Knie und aller Glieder, und er bricht die Kraft der Seele und des Leibes; und: "Weil ich krank bin, kann ich den Gottesdienst nicht besuchen." Aber wenn wir wachsam sind, dann löst sich das alles auf. Da war ein Mönch, den erfaßten, als er in den Gottesdienst gehen wollte, Frösteln und Fieberschauer, und im Kopf spürte er eine Spannung. Da sprach er zu sich: Siehe, ich bin krank und es kann sein, daß ich sterbe. Ich will mich aufraffen, ehe ich sterbe, und in die Versammlung gehen. Mit diesem Gedanken bezwang er sich selbst und besuchte den Gottesdienst. Als dieser zu Ende war, hörte auch das Fieber auf." (Apo 311)
Theodora rät, daß wir wachsam die Krankheitssymptome anschauen sollen. Wir sollen sie beachten, aber wir dürfen uns von ihnen nicht einfach bestimmen lassen. Wachsam und bewußt sollen wir mit ihnen umgehen, dann entdecken wir, daß sie Ausdruck unserer Seele sind. Und wir sollen dann an unserer Seele arbeiten, die negativen Gefühle von Traurigkeit und Unlust bekämpfen. Dann werden auch die Symptome weichen, dann hört das Fieber auf einmal auf. Allerdings kämpft Theodora nicht direkt, sondern sie gibt die Krankheit erst einmal zu. Sie denkt sie zu Ende. Ja, sie wird sie einmal zum Tod führen. Und gerade deshalb läßt sie sich nicht von ihr bestimmen.

4. Methoden der Bewältigung von Lebenswunden und Krisen

Sowohl in den Vätersprüchen wie in den systematischen Schriften (etwa bei Evagrius Ponticus, Cassian und Johannes Climacus) kehren einige Hauptthemen wieder, die bei der Beratung angesprochen werden. Die Väter gehen häufig auf die Wunden und Verletzungen in der Lebensgeschichte der Ratsuchenden ein. Und sie geben Methoden an, wie wir mit unseren Problemen, mit unserem "beschädigten Leben"[16] und mit den Hindernissen auf dem Weg zu Gott umgehen können. Begleitung heißt im Mönchtum auch therapeutische Begleitung, Hilfe im Umgang mit den Blokkaden und Behinderungen auf dem Lebensweg. Dabei nehmen die Väter Erkenntnisse und Methoden heutiger Psychologie vorweg. Aber sie bleiben nicht dabei stehen, nur auf der psychologischen Ebene zu raten und zu helfen, sie verweisen vielmehr immer wieder auf die Beziehung zu Gott. Sie überspringen die psychologische Ebene nicht, aber sie gehen doch über sie hinaus und zeigen, wie alle unsere Lebenswunden auch unsere Beziehung zu Gott berühren und daß sie nur geheilt werden können, wenn wir zu einem neuen Verhältnis zu Gott kommen.

a) Heilung der Lebenswunden

Ein Hindernis, das die Mönche immer wieder beschäftigt, ist die Traurigkeit. In einem Apophthegma heißt es:
"Abbas Poimen wurde von einem Bruder gefragt: Was soll ich tun, Vater, denn ich werde von Traurigkeit niedergeschlagen. Der Greis antwor-

tete ihm: Schaue niemand für nichts an, verurteile niemand, verleumde niemand, und der Herr wird dir Ruhe geben." (Apo 1168)
Hier wird keine Methode angegeben, wie ich mit mir selbst besser umgehen soll, wie ich das Positive bei mir sehen soll, sondern paradoxerweise ein Verhalten dem andern gegenüber. Ich werde von meiner Traurigkeit frei, wenn ich andere nicht verurteile. Die Traurigkeit hängt hier also offensichtlich damit zusammen, daß ich mich über andere stelle und dann entdecke, daß ich selbst meinen Idealen nicht entspreche. Sobald ich die andern schätze und nicht mehr verachte, brauche ich auch mich nicht mehr zu verachten. Die neue Sicht des andern wird mich von meinem falschen Selbstbild befreien, das die Ursache meiner Traurigkeit war.
Viele Wunden, die wir mit uns herumschleppen, haben uns Menschen zugefügt, Eltern und Erzieher, Neider und Menschen, die mit sich selbst uneins sind. Ein Rat, den die Mönchsväter geben, meint, daß wir uns mit den Wunden aussöhnen und darin den Kern unserer Krankheit entdecken sollen.
"Wenn du von den furchtbaren Wunden der Seele geheilt werden willst, so mußt du ertragen, was dir der Arzt auferlegt. Wer krank ist, läßt sich nicht gerne amputieren oder reinigen. Er erinnert sich dessen ungern, und doch ist er überzeugt, daß er ohne diese Behandlung nicht von seiner Krankheit geheilt werden kann. Und so erträgt er, was der Arzt ihm auferlegt. Er weiß, daß er durch ein kleines Unbehagen von einer langen Krankheit befreit wird.
Der Arzt Jesus ist der, der dich verspottet und dir Unrecht tut, er befreit dich vom eitlen Ruhm. Wer eine nützliche Probe flieht, flieht das ewige Leben. Wer verhalf denn dem hl. Stephanus zu

einer solchen Ehre, wenn nicht die, die ihn gesteinigt haben?"[17]

Die Wunden, die andere mir zufügen, weisen mich auf meine eigene Krankheit hin, auf die Stellen, die ich bei mir selbst nicht angenommen habe, und auf Seiten in mir, die ich verdrängt habe, auf Bedürfnisse, die ich nicht zugelassen habe, oder auf die Illusionen, die ich mir vom Leben gemacht habe, daß es mit mir immer gut gehen müsse, daß ich immer im Paradies leben würde. Der Mönchsvater rät hier, daß ich mich meinen Wunden stelle, daß ich durch sie hindurch auf den Grund meiner Seele schaue, auf Bedürfnisse, die ich unterdrückt habe, auf Verletzungen meiner Kindheit, die in den Wunden immer wieder aufbrechen. Und so meint der Mönchsvater, ich soll Christus in meinen Wunden erkennen. Er berührt mich an den wunden Stellen, um meine eigentliche Krankheit zu heilen. Die Wunden sind nur ein Symptom für eine tieferliegende Krankheit. Und die will mir Christus aufdecken und sie will er heilen. Das verlangt, daß ich meine Wunden annehme und mich frage, was mir Christus darin sagen möchte, auf welche Grundhaltung er mich hinweisen möchte, die krank ist. Oft ist es eine Haltung von Selbstüberschätzung, die in der Illusion gefangen bleibt, mir dürfe doch gar nichts passieren, mich dürfe das Leben nicht verletzen, ich müsse immer der beste sein, immer der Gewinner. Von solchen Illusionen will mich Christus befreien, damit ich wie Stephanus den Himmel offen sehe und Gottes Gegenwart in meinem Leben entdecke. Für den Mönchsvater ist die Krankheit eine Chance, den Weg der Wahrheit zu gehen. Ich muß die Krankheit nicht loswerden, sondern ich soll durch sie hindurch entdecken, was in mir eigentlich leben möchte, was meine individuelle Berufung ist, meine Weise, in dieser Welt Gott zu verstehen und zu bezeugen.

Wer von andern Unrecht erfahren hat, wird in seiner Wunde oft blind. Er ist auf den andern fixiert und möchte ihm das Unrecht vergelten. Ein Apophthegma zeigt, wie Abbas Sisoes einen Bruder, der in seiner Wut sich an einem andern rächen möchte, behutsam davon abbringt. Als er ihm rät, er solle die Rache lieber Gott überlassen, hilft das nicht weiter. Der Bruder erwidert: "Ich werde keine Ruhe haben, bis ich mich gerächt habe." Da sprach der Greis: "Bruder, komm, wir wollen beten!" Darauf erhob sich der Greis und sprach: "O Gott, wir haben Dich nicht mehr nötig, du brauchst nicht mehr für uns zu sorgen. Denn wir verschaffen uns selbst unsere Rache." Als der Bruder das hörte, fiel er vor dem Greis auf die Knie und sagte: "Ich werde mit dem Bruder nicht mehr rechten, verzeihe mir, Abbas!" (Apo 804)

Nicht die moralisierende Ermahnung, von der Rache abzulassen, befreit den Bruder von seiner Wut, sondern das Gebet, das die Konsequenz dieser Einstellung aufzeigt und das ihn auf Gott verweist, auf dessen Güte und Sorge wir in allem angewiesen sind.

Eine andere Wunde ist die Sehnsucht nach Liebe und Zärtlichkeit, die gerade bei ehelosen Menschen oft aufbricht. Auch das Gebet kann bei vielen Menschen, die allein Gott suchen möchten, diese Sehnsucht nach menschlicher Nähe und Intimität nicht stillen. Ein Altvater zeigt, wie wir mit der Sehnsucht nach Zärtlichkeit umgehen sollen:

"Wenn du dich aus Liebe zu Gott von deinen Eltern dem Fleische nach trennst, laß dich nicht von Gefühlen fortreißen, wenn du in deiner Zelle bist, indem du dich bemitleidest wegen deines

Vaters, deiner Mutter oder deines Bruders, wegen der Zärtlichkeit deiner Söhne oder Töchter, wegen der Liebe deiner Frau, denn du hast das alles verlassen aus Liebe zu Gott. Denke also an die Stunde deines Todes, wenn keiner von ihnen dir zu Hilfe kommen kann." (N 405)

Ich soll nicht nach rückwärts schauen und mich selbst bemitleiden, daß ich die Geborgenheit bei den Eltern oder bei einem Ehepartner nicht mehr spüre. Das wäre Regression, die mich infantil machen würde. Ich soll vielmehr nach vorne blikken, auf die Stunde des Todes. Das scheint zunächst eine sehr negative Methode. Doch sie zielt letztlich darauf hin, daß ich mich meiner grundlegenden Einsamkeit stelle, die im Tod sichtbar wird, und daß ich durch das Denken an den Tod spüre, worauf es in meinem Leben eigentlich ankommt. Es kommt nicht darauf an, daß ich mich immer wohl fühle, daß ich die Zärtlichkeit auch erfahre, nach der ich mich sehne, sondern es kommt darauf an, daß ich bewußt vor Gott lebe und in der Gemeinschaft mit Gott zum Segen werde für die Menschen, denen ich begegne. Das Denken an den Tod will mich zu einem bewußten Leben im Augenblick führen und es will mich zugleich von der infantilen Regression befreien, die an den Gefühlen der Vergangenheit hängen bleibt. Im Hinblick auf unsere Sehnsucht nach menschlicher Liebe an den Tod zu denken, das meint, daß wir unsere Sehnsucht zu Ende denken und zu Ende fühlen. Wir sollen sie ruhig zulassen, aber wir sollen uns vorstellen, was die Sehnsucht mit uns macht, wenn sie erfüllt wird, wie sie uns immer weiter treibt, wohin sie uns führen möchte und wo sie enden wird. Unsere Sehnsucht wird im Tod enden und da gilt es, sie auf Gott zu richten, der allein unsere tiefste Sehnsucht zu stillen vermag.

Eine andere Wunde, die wir mit uns herumschleppen, besteht in der Schuld und in den Schuldgefühlen, die uns quälen. Unsere normale Reaktion auf eine Schuld ist, daß wir uns entweder entschuldigen oder beschuldigen, daß wir uns mit Selbstvorwürfen zerfleischen, daß wir uns verurteilen und entwerten. Trotz der Vergebung, die wir in der Beichte erfahren, kommen wir dann nicht los von unserer Schuld. Wir kreisen ständig um sie und blockieren uns damit nur selbst. Einige Vätersprüche zeigen uns andere Wege, mit unserer Schuld umzugehen:
"Ein Bruder sagte zu Abbas Poimen: Wenn ich in eine beklagenswerte Sünde geraten bin, quält mich mein Gewissen und klagt mich an: Weshalb bist du gefallen? Da sprach der Altvater: Wenn ein Mensch zur selben Stunde, da er einem Vergehen unterliegt, spricht: Ich habe gesündigt, dann hat die Sünde ein Ende." (Miller 190)
Poimen hält nichts davon, sich ständig Vorwürfe zu machen, daß man wieder versagt und gesündigt habe, daß man nie weiterkomme und daß man ein durch und durch schlechter Mensch sei. Solche Selbstvorwürfe sind unfruchtbar, sie ziehen unsere Energie nach unten, fixieren uns auf unsere Schuld. Wenn man vor Gott zugibt, daß man gesündigt hat, dann ist es genug. Dann braucht man sich nicht mehr um die Sünde zu kümmern. Man hat sie ja Gott übergeben. Wer sich immer wieder wegen seiner Schuld verurteilt, der hält letztlich fest an der Vergangenheit. Er bestraft sich selbst und hindert sich daran, den Augenblick zu bewältigen. Er verweigert sich für die Aufgaben, die Gott ihm stellt. Letztlich ist es verdrängter Stolz. Er kann sich selbst nicht vergeben, daß er nicht so ideal ist, wie er das gedacht hat. Wer an die Vergebung Gottes glaubt, vergibt sich auch selbst und hört auf, sich weiter zu

beschuldigen. Von diesem Glauben an Gottes bedingungslose Vergebung ist der Rat des Antonios geprägt, man solle sich ein Ding nicht gereuen lassen, das vorbei ist. (Vgl. Apo 6) Antonios rät nicht dazu, die Schuld zu verdrängen, sondern sie im Glauben an Gottes Vergebung loszulassen.
In einem anderen Väterspruch des Antonios wird deutlich, daß wir unsere Schuld erst anschauen müssen, bevor wir sie loslassen:
"Das ist das große Werk des Menschen, daß er seine Sünde vor das Angesicht Gottes emporhalte, und daß er mit Versuchung rechne bis zum letzten Atemzug." (Apo 4)
Wir sollen unsere Sünde anschauen, aber uns nicht darauf fixieren. Vielmehr sollen wir unsere Schuld vor Gott halten. Wenn wir nur auf uns selber schauen, kommen wir nicht los von unserer Schuld. Wir sollen auf Gott schauen, dann erfahren wir mitten in unserer Schuld einen tiefen Frieden. Wir spüren, wie groß Gottes Barmherzigkeit ist, daß wir auch mit unserer Schuld von ihm angenommen sind.
Der angemessene Ausdruck für die Freude über Gottes vergebende Liebe ist für die Mönche das Weinen. Sie weinen aus Trauer über ihre Sünde, aber zugleich aus Freude über Gottes Liebe und Barmherzigkeit. So heißt es in einem Apophthegma:
"Ein Bruder fragte den Altvater Poimen: Was fange ich mit meinen Sünden an? Der Greis sagte: Wer sich von seinen Sünden reinigen will, der reinigt sie durch Beweinen. Denn das Weinen ist der Weg, den uns die Schrift überliefert hat und auch unsere Väter, indem sie sagten: Weinet! Einen andern Weg als diesen gibt es nicht." (Apo 693)
Im Weinen über meine Schuld werde ich frei von allen Schuldgefühlen. Da löst sich die Verkram-

pfung. Ich kann mich in Gott hinein ergeben. Und auf einmal kann ich sogar dankbar sein für meine Schuld, weil sie mich in Gottes liebende Arme treibt, in die ich mich fallen lasse. Dann wird meine Schuld wahrhaft zur felix culpa, die mich Gottes Barmherzigkeit erfahren läßt. Sie wird zu einer Quelle des Lebens, zur Quelle der Freude über Gottes Liebe, und zur Quelle des Segens für mich und für die, die mir begegnen.

b) Umgang mit den Leidenschaften

Verwundet wird der Mensch nach der Erfahrung der Mönche vor allem durch die Leidenschaften, die ihn bedrängen und immer wieder daran hindern, das eigene Selbst zu finden und in Gott Halt und Ruhe zu erfahren. Viele Vätersprüche kreisen um den Umgang mit den Leidenschaften. So heißt es:
"Wie es im Krieg vorkommt, daß die, die einen Starken unter den Gegnern sehen, sich selbst einen noch stärkeren suchen, der jenes Haupt schlägt und die andern fliehen dann und werden schwach, so haben auch die Gedanken nur ein einziges Haupt, handelt es sich nun um die Völlerei, den Geiz, die Zerstreuung oder andere... Wenn du also die Leidenschaften besiegen willst, beobachte immer das Haupt der Gedanken und wenn du entdeckt hast, welcher Gedanke es ist, kämpfe gegen ihn allein."[18]
Hier geht es darum, die eigene Wurzelsünde zu entdecken und dann systematisch gegen sie vorzugehen. Es hat keinen Zweck, gegen alle Leidenschaften auf einmal zu kämpfen. Das endet immer in der Niederlage und überfordert uns. Es ist gut, uns selbst genau zu beobachten und zu erkennen, was das Haupt unserer Leidenschaften ist. Die

Mönche haben dafür ein Raster entwickelt, die sog. Acht-Lasterlehre. Jeder kann anhand dieses Rasters entdecken, was bei ihm das eigentliche Problem ist. Es gibt in der Geschichte des geistlichen Lebens viele solcher Raster, die die Wurzelsünde aufdecken wollen. Das Enneagramm, das momentan so modern ist, gleicht in seiner Anlage sehr dem Schema der Acht-Lasterlehre.[19] Ich muß erst meinen Typ erkennen, um den eigentlichen Kampf gegen meine Fehlhaltungen kämpfen zu können. Alles andere wären nur Scheingefechte. Ich muß beobachten, wohin meine Energie fließt, was mich bindet und blockiert. Dort, wo meine größte Gefährdung ist, ist auch meine größte Chance. Durch die Leidenschaft hindurch, die mich am meisten bedrängt, kann ich zu meiner Begabung vorstoßen. Dann wird meine Leidenschaft verwandelt und in mir kann der Geist Gottes die Frucht bringen, die er mir zugedacht hat.

Der Umgang mit den Gedanken und Gefühlen war ein Hauptthema der Mönchsväter. Evagrius Ponticus hat in seinem Buch "Praktikos" diesen Umgang systematisiert. Seine Regeln gleichen denen "der dynamischen Psychoanalyse, die die sorgfältige Beobachtung der geheimsten und spontansten Gedanken betont, wie sie entstehen und wieder vergehen, was sie miteinander verbindet und wie sie sich zueinander verhalten".[20] Evagrius rät, daß wir uns mit der Kunst der Dämonen vertraut machen, die uns die Gedanken eingeben. Dabei sollen wir die Gedanken genau beobachten:

"Achten sollte er auf ihre Intensität, auch darauf, wann sie nachlassen, wann sie entstehen und wieder vergehen. Er sollte die Vielfalt seiner Gedanken beobachten, die Regelmäßigkeit, mit der sie immer wieder auftauchen, die Dämonen, die dafür verantwortlich sind, welcher die jeweils vorausgegangenen ablöst und welcher nicht. Dann sollte er Christus bitten, ihm all das zu erklären, was er beobachtet hat." (Prakt 50)

In einem Brief einen Mönch vergleicht er die Beobachtung der Gedanken mit der Aufgabe eines Türhüters:

"Sei ein Türhüter deines Herzens und laß keinen Gedanken ohne Befragung herein. Befrage einen jeden Gedanken (einzeln) und sprich zu ihm: Bist du einer der unseren oder einer unserer Gegner? Und wenn er zum Hause gehört, wird er dich mit Frieden erfüllen. Wenn er aber des Feindes ist, wird er dich durch Zorn verwirren oder durch eine Begierde erregen." (Brief 11)

Wir sollen also ohne Angst anschauen, was sich in unserem Herzen regt. Dabei sollen wir nicht werten, sondern einfach wahrnehmen und beobachten. Wir sollen die Mechanismen erkennen, die in uns ablaufen. Nur dann können wir richtig mit den Gedanken und Gefühlen umgehen. Evagrius rät sogar, wir sollten uns mit dem Dämon der Traurigkeit so vertraut machen, daß wir ihn für einige Tage eintreten lassen. Wenn wir uns erlauben, einige Tage lang traurig zu sein und in Selbstmitleid zu versinken, dann können wir genau beobachten, was da in uns abläuft. Und wir werden dann Wege finden, besser damit zurechtzukommen.

Evagrius kennt hauptsächlich drei Wege, mit den Gedanken und Gefühlen umzugehen: die antirrhetische Methode, den Dialog mit den Leidenschaften und den Kampf gegen die Leidenschaften.

- *die antirrhetische Methode*

Die antirrhetische Methode beschreibt er im Praktikos:

"Wir müssen darauf achten, die verschiedenen Dämonen auch zu unterscheiden und die Begleitumstände ihres Kommens festzustellen ..., damit, wenn diese verschiedenen lasterhaften Gedanken auf die ihnen eigentümliche Art und Weise am Werke sind, wir mit wirksamen Worten entgegenhalten können, d.h. mit solchen Worten, die den, der am Werke ist, auch richtig bezeichnen. Wir müssen das tun, bevor sie uns aus unserer Geistesverfassung bringen. Nur so werden wir, mit der Gnade Gottes, gute Fortschritte erzielen. Wir werden sie verjagen, sie aber werden sich ärgern und sich gleichzeitig wundern, mit welchem Scharfblick wir sie erkannt haben." (Prakt 43)

In einem Brief an einen Mönch beruft sich Evagrius auf David, um die antirrhetische Methode zu begründen:

"Deshalb muß er seinem Gegner gegenüber unerschrocken sein, wie der selige David aufzeigt, indem er Stimmen wie aus dem Munde der Dämonen anführt und ihnen dann widerspricht. Wenn nämlich die Dämonen sagen: "Wann wird er sterben und sein Name vergehen?", dann spricht auch er: "Ich werde nicht sterben, sondern leben und die Werke des Herrn verkünden!"... Sieh also die einander widersprechenden Stimmen und liebe den Sieg, ahme David nach und achte auf dich selbst!" (Brief 11)

Auch bei der antirrhetischen Methode müssen wir unsere Gedanken und Gefühle erst beobachten und sie durchschauen. Wir müssen spüren, ob sie für uns gut sind oder ob sie uns auf unserem Weg der Selbstwerdung und auf dem Weg des Gebetes hindern. Wenn wir erkannt haben, daß sie uns im Weg stehen, dann sollten wir voller Zorn Worte gegen sie schleudern. Der Zorn vertreibt dann die Gefühle, die uns lähmen und

blockieren und befreit uns für die Gedanken, die wir selbst denken wollen. Und damit befähigt er uns zum Gebet. (Vgl. Prakt 42)
Diese Methode hat Evagrius Ponticus vor allem in seinem Buch Antirrhetikon dagelegt. Zunächst soll ich meine Gedanken erforschen. Was denke ich, wenn ich unbeschäftigt bin, wenn ich aufstehe, wenn ich spazierengehe? Wie kommentiere ich meine Arbeit? Was für typische Sätze gehen mir im Kopf herum? Was sind meine Einreden, was ist mein Lebensskript? Gegen negative Skriptsätze wie "keiner mag mich, keiner kümmert sich um mich" soll ich mir wie David Sätze aus der Bibel vorsagen, etwa: "Der Herr ist mein Hirt, nichts wird mir fehlen" (Ps 23). Das soll kein frommes Pflaster für meine depressive Stimmung sein, sondern den Teufelskreis der negativen Gefühle durchbrechen, indem er die Zusage Gottes dagegensetzt. Wenn das wirklich stimmt, daß der Herr mein Hirte ist, wie könnte ich dann mein Leben sehen und wie könnte ich mich dann fühlen?
Es geht nicht darum, die negativen Gefühle mit Gewalt zu vertreiben, so als ob man sich künstlich manipulieren könnte. Ich soll das Schriftwort vielmehr in meine negativen Gefühle und Gedanken hineinsagen, um von der Fixierung frei zu werden. Ich kann dann in meiner traurigen Stimmung auf einmal noch andere Seiten meiner Seele entdecken. Nach C.G. Jung sind immer beide Pole in uns: Augst und Vertrauen, Traurigkeit und Freude, Haß und Liebe. Durch das Schriftwort kommen wir in Berührung mit dem positiven Pol in uns. Wir müssen also nicht künstlich positive Gefühle in uns hervorrufen, sondern wir kommen in Berührung mit den Gefühlen, die schon in uns sind, die wir aber durch unsere Fixierung auf das Negative total überdeckt ha-

ben. Dabei geht es nicht darum, daß wir nur ab und zu einmal so ein Schriftwort gegen die negativen Gedanken sagen, sondern daß wir es immer wieder meditieren. Ruminatio heißt die Methode der Meditation im Mönchtum, Wiederkäuen des gleichen Wortes, bis nicht nur der Geist, sondern auch der Leib davon durchdrungen und verwandelt wird. Im Wort kann Gott in mir wirken und mich in Berührung bringen mit den positiven Kräften, die er mir geschenkt hat. Aber diese Methode darf nicht zum Allheilmittel werden. Oft ist es wichtig, den Gedanken und Gefühlen auf den Grund zu gehen, anstatt sie durch ein Schriftwort zu vertreiben.

- *der Dialog mit den Gedanken*

Die zweite Methode, die Evagrius empfiehlt, ist der Dialog mit den Gedanken. Viele Gedanken und Gefühle tauchen immer wieder in uns auf. Gerade wenn wir sie uns verbieten, überfallen sie uns in Augenblicken, in denen wir sie absolut nicht möchten. Dann hat es keinen Zweck, die Gedanken durch positive Sätze zu vertreiben, dann müssen wir uns ihnen stellen. Dabei ist die erste Aufgabe, daß wir die Gedanken genau untersuchen und analysieren. Wir sollen mit den Gedanken sprechen und sie daraufhin befragen, was sie uns sagen möchten, was ihre Botschaft ist. Negative Gedanken sind nicht schlecht. Sie haben immer einen Sinn. Oft machen sie uns darauf aufmerksam, daß wir einen inneren Impuls übersehen haben. Wir haben z.B. übersehen, daß wir eigentlich genug Arbeit haben und zur Bitte eines andern nein sagen wollten. Der Ärger, der dann auftaucht, zeigt uns, daß wir nicht im Einklang mit unserem innersten Gespür waren. Wir sollen den Ärger dann nicht unterdrücken, sondern mit ihm reden. Vielleicht gibt er uns einen Impuls, uns besser abzugrenzen. Oder wenn in einem Gespräch Ärger auftaucht, dann könnte das eine Hilfe sein, anzusprechen, was uns Schwierigkeiten macht, was wir nicht verstehen können. Der Haß oder die Wut sind an sich nicht schlecht. Auch sie haben ihren Sinn. Wir müssen uns in diesen Sinn hineinfragen.

Wenn wir uns den Haß oder die Wut verbieten, werden sie immer wieder auftauchen. Poimen meint, wir seien nicht verantwortlich für die Gedanken, die in uns auftauchen, sondern nur dafür, wie wir damit umgehen. Wir sollen also unsern Haß und unsere Wut danach befragen, was sich in ihnen zu Wort meldet. Oft ist die Wut notwendig, daß wir uns von der Macht eines andern befreien. Wenn wir ständig wütend sind, geben wir dem andern Macht über uns und damit schaden wir uns selbst. Aber wenn wir die Wut dazu benützen, uns innerlich von ihm zu befreien, ihm nicht mehr soviel Macht über uns zu geben, dann hat die Wut eine positive Funktion und dann wird sie auch vergehen. Ähnlich ist es mit dem Haß. Der Haß als Impuls ist nicht schlecht, er will uns zwingen, uns vom andern zu befreien und uns selbst einen Raum zu schaffen, in dem wir leben können. Der Haß als Dauergefühl zerstört uns selbst. Wir werden vom Haß nicht frei, indem wir ihn unterdrücken, sondern indem wir den positiven Impuls daraus nehmen. Eine Weise, mit den Gedanken einen Dialog anzufangen, ist, sie weiterzudenken, sie zu Ende zu denken. Dieses Zu-Ende-Denken ist vor allem dann angemessen, wenn wir sehr stark nach etwas verlangen, etwa bei Gefühlen der Eifersucht, bei Enttäuschung über die Eltern und bei der Sehnsucht nach einem guten Vater und einer verständnisvollen Mutter, beim Wunsch nach Zärtlichkeit, beim Wunsch nach Nähe, nach Menschen, die mich verstehen, nach einer idealen Gemeinschaft. Wenn wir uns da die Wünsche verbieten, werden sie unbewußt immer wieder hochkommen oder sich aber im Leib manifestieren. Wenn wir sie zulassen und zu Ende denken, dann stoßen wir auf die Grundfrage, was wir mit unserem Leben eigentlich möchten. Wenn ich mich nach Anerkennung oder Zuwendung sehne, kann ich mir vorstellen: wenn alle mich anerkennen, was dann? Ist das schon genug oder sehne ich mich darin nicht nach etwas ganz anderem, nach dem Gefühl, wertvoll zu sein? Und worin besteht mein wirklicher Wert? Ist es nicht die unantastbare Würde, die mir Gott geschenkt hat? Wenn wir unsere Wünsche und Bedürfnisse zu Ende denken, werden wir letztlich immer auf Gott stoßen, der sie uns im letzten zu erfüllen vermag. Nicht das Abschneiden der Wünsche führt uns weiter, sondern das Zu-Ende-Denken, es führt uns am Ende zu Gott selbst. Allerdings kann ich meine Sehnsucht nach einem liebenden Vater nicht zu Ende denken, bevor ich nicht auch meine Wut und Enttäuschung über meinen tatsächlichen Vater durchlebt habe. Zu Ende denken kann ich die Gefühle und Wünsche nur, wenn ich mich in sie auch wirklich hineinspüre und fühle.

Eine andere Weise des Dialogs mit den Gedanken ist, sich die Gedanken und Gefühle zu erlauben. Das gilt bei der Wut und beim Ärger. Wenn ich mir die Wut nicht verbiete, sondern sie mir erlaube, dann wird sie vergehen, dann steht am Ende der Wut vielleicht Verständnis für den, gegenüber dem ich meine Wut fühle. Vielleicht kann ich am Ende meiner Wut vergeben und so mich von der Macht des andern befreien. Das Erlauben gilt auch für den Umgang mit den Bedürfnissen. Nur wenn ich sie zugebe und sie mir erlaube, kann ich auch auf sie verzichten. Sonst werden sie mich ein

Leben lang bestimmen. Vor allem aber gilt das Erlauben für meine Ängste. Ich kann die Angst sicher manchmal mit Vertrauensworten der Schrift besiegen. Wenn ich etwa in meine Angst hineinspreche: "Der Herr ist mit mir, ich fürchte mich nicht, was können Menschen mir antun!", dann kann ich mitten in meiner Angst mit dem Vertrauen in Berührung kommen, das unter meiner Angst auf dem Grund meiner Seele verborgen liegt. Aber immer wenn ich auf das fixiert bin, wovor ich Angst habe, nützt mir auch die antirrhetische Methode nicht. Denn ich benutze sie dann nur, um meine Angst los zu werden. Ich darf keine Angst haben und so setze ich alles ein, um sie loszuwerden. Doch das ist ein Irrweg, der mich an meine Angst fesselt. Hier ist es besser, sich das, wovor ich Angst habe, zu erlauben. Eine Schwester, die auf einmal nach 30 Klosterjahren nicht mehr vorlesen konnte, weil sie Angst hatte, sie bliebe stecken und ihre Mitschwestern würden sie für verrückt halten, kam zu mir, um von ihrer Angst loszuwerden. Ich riet ihr, sie solle sich vorstellen, sie ginge zum Lesepult, fange an zu lesen und bliebe nach einem Satz stecken. Wenn sie sich erlaubt, stecken zu bleiben, dann verliert sich die Angst. Das ist nicht ein billiger Trick, sondern dahinter steht die Grundfrage, wie ich mein Leben verstehe. Die cognitive Verhaltenstherapie spricht von falschen Grundannahmen, die mich am Leben hindern.[21] Ich muß die Grundannahmen meines Lebens in Frage stellen. So eine falsche Grundannahme ist: "Ich darf nicht stekkenbleiben, sonst halten mich die Schwestern für verrückt. Ich darf keinen Fehler machen, sonst bin ich nichts wert." Das sind Gesetze unseres Überichs, nach denen wir nicht leben können. Sie führen uns in die Angst. Und so zwingt uns die Angst, unsere Grundannahmen zu ändern und eine Einstellung zu entwickeln, die uns Schwächen erlaubt, sie zwingt uns letztlich zur Menschlichkeit. Denn hinter der Angst steckt oft das Bild eines Übermenschen, das wir meinen, erfüllen zu müssen. So ist letztlich die Demut, die für die Mönche das Ziel des geistlichen Lebens ist, auch der Weg, mit der eigenen Angst umzugehen. In der Demut nehme ich meine Menschlichkeit an, da erlaube ich mir, daß ich mich blamiere, daß ich Angst habe und unsicher bin. Und gerade so werde ich frei von meiner Angst.

- *Kämpfen mit den Leidenschaften*

Die Mönchsväter geben verschiedene Methoden an, gegen die Leidenschaften zu kämpfen. Dabei empfehlen sie je nach der Leidenschaft ein besonderes Mittel. Ihre Ratschläge gleichen manchmal einem psychologischen Ratgeber, der auch für verschiedene Probleme je andere Wege vorschlägt. Auch wenn uns vielleicht manche Empfehlungen der Mönchsväter nicht gefallen, so ist doch die Methode bedenkenswert. Wir müssen zuerst einmal erkennen, was unser Hauptproblem ist. Und danach müssen wir unseren asketischen Weg gestalten. Evagrius schlägt folgende Reaktionen auf unsere Leidenschaften vor:

"Lesung, Nachtwachen und Gebet sind die Mittel, die einem unruhigen Geist zur Ruhe verhelfen. Fasten, körperliche Arbeit und die Einsamkeit sind nützlich, um die Flammen der Leidenschaft auszulöschen. Der Groll verschwindet, wenn man Psalmen singt, geduldig ist und Almosen gibt. Doch wer sich darin übt, sollte es mit dem richtigen Maß und zu geeigneter Zeit tun. Was man nicht zu richtiger Zeit tut und ohne rechtes Maß, hält nur für kurze Zeit. Und was kurzlebig ist, schadet eher, als daß es nützt." (Prakt 15)

Gegen die Traurigkeit rät Evagrius dazu, sich von den Dingen der Welt zu lösen, sich an Gott festzumachen, anstatt sich an die Dinge zu hängen. Gegen Ärger und Groll rät er, die Sonne nicht über dem Zorn untergehen zu lassen, weil sonst Alpträume die Erregung der Seele noch steigern. Außerdem sollen wir es aufgeben, unsern Zorn durch Selbstgespräche zu vertiefen: "Gib dich auch nicht auf die Art dem Zorne hin, daß du dich in Gedanken mit dem streitest, der dich verärgert hat." (Prakt 23) Wenn wir innerlich die Gespräche mit dem andern weiterführen, geben wir ihm Macht über uns. Wir lassen uns von ihm die negative Stimmung aufzwingen. Damit schaden wir uns selbst.

Bei der Akedia gibt Evagrius folgenden Rat: "Wenn die Akedia uns versucht, dann ist es gut, unter Tränen unsere Seele gleichsam in zwei Teile zu teilen: in einen Teil, der Mut zuspricht, und in einen Teil, dem Mut gemacht wird. Wir sähen Samen einer unerschütterlichen Hoffnung in uns, wenn wir mit König David singen: "Warum bist du betrübt meine Seele und bist so unruhig in mir? Harre auf Gott, denn ich werde ihm noch danken, meinem Gott und Retter, auf den ich schaue." (Prakt 27)

Diese Methode wird auch in der Psychologie praktiziert. Wir sollen die verschiedenen Gefühle in uns miteinander reden lassen, wir sollen die traurigen Gefühle ruhig zulassen, aber wir sollen zugleich auch das Gegenteil denken und die gegenteiligen Gefühle in Beziehung zueinander setzen.

Gegen das Laster der Ruhmsucht rät Evagrius, daß wir an die eigene Vergangenheit denken, an unsere Sünden und an die Gnade Christi, die uns getragen und verwandelt hat. Und er meint, wer auf dem Weg der Kontemplation voranschreite,

der werde auch frei von der Ruhmsucht. Denn dann brauchen wir uns nicht mehr mit andern zu messen, sondern finden unser Gefallen an Gott selbst. Dann definieren wir uns nicht mehr von der Anerkennung der Menschen, sondern von Gott her, von dem unser wahrer Wert stammt.
Es gäbe noch viele Methoden, die Evagrius und mit ihm die Mönchsväter für die verschiedenen Probleme als Mittel der Heilung angeben. Evagrius hat dabei vor allem die acht Laster im Auge. Wir suchen heute eher nach Methoden, mit den Wunden unseres Lebens umzugehen. Aber wenn wir unsere Wunden genauer anschauen, so haben sie oft mit den acht Lastern zu tun. Unsere Wunden kommen entweder aus unterdrückten und nicht zugestandenen Bedürfnissen, oder aus übertriebenen Ansprüchen und Erwartungen an das Leben, aus Erwartungen an die Menschen, mit denen wir leben, und an Gott, von dem wir unbewußt ein sorgenfreies und glückliches Leben fordern. Die Methoden, die Evagrius für das geistliche Leben angibt, sind immer auch Methoden, wie wir mit den Wunden unserer Vergangenheit umgehen können. Es geht darum, unseren Wunden auf den Grund zu gehen und die Urwunde, das Urtrauma unseres Lebens zu entdecken.

c) Kontemplation als Weg auf eine andere Ebene

Evagrius sieht die eigentliche Aufgabe des geistlichen Vaters darin, den Menschen zur Erkenntnis Christi zu führen, d.h. ihn auf den kontemplativen Weg zu bringen. Die Hinführung zur Kontemplation ist aber für Evagrius zugleich ein Weg, mit den Lebenswunden umzugehen. Ja für ihn ist die Kontemplation die eigentliche Heilung unserer Verletzungen und Kränkungen aus der Vergangenheit. Die Methoden des asketischen Lebens können die Seelenkräfte nicht vollständig heilen. Da bedarf es der Kontemplation. Alle Askese, der es um die apatheia geht, die für Evagrius die wahre Gesundheit der Seele ist, weist über sich hinaus auf die Kontemplation als die Erfüllung. Die Kontemplation ist das Ziel des geistlichen Weges, aber zugleich auch eine Methode, mit den Problemen auf unserem Weg umzugehen. In der Kontemplation ziehen wir uns von der Ebene der Probleme weg und wenden uns ganz Gott zu. Wir versuchen, alles zu vergessen, unsere Wünsche und Bedürfnisse, unseren Ärger und unsere Traurigkeit, unsere Verletzungen und Kränkungen, unsere Ruhmsucht und unsern Stolz, und wir wenden uns dem Raum in uns zu, der ganz still ist, in dem allein Gott wohnt. Wir suchen also nicht nach Wegen, mit den Problemen zurecht zu kommen, sondern wir wenden uns von den Problemen ab, um im Grund unserer Seele Gott selbst zu finden, der uns allein wahre Ruhe und wahren Frieden zu schenken vermag. Das ist der religiöse Weg, mit den Problemen umzugehen.

Unsere Unfähigkeit, das Problem in Griff zu bekommen, die Wunde zuzudecken, kann gerade ein Sprungbrett werden, uns wirklich auf den Weg zu Gott zu machen und in Gott unseren Frieden zu finden.

Evagrius meint, daß die Kontemplation uns so tief mit Gott verbindet, daß die negativen Gefühle da keinen Platz mehr haben und wir auch von unsern Bedürfnissen frei werden.

"Wer mit Gottes Hilfe ein asketisches Leben angefangen hat und der kontemplativen Schau nahe ist, der wird vom irrationalen Teil seiner Seele fast gar nichts mehr wahrnehmen, vielleicht sogar spürt er ihn überhaupt nicht mehr. Denn diese Schau erhebt ihn über die Sinne und sondert ihn von ihnen ab." (Prakt 66)

Die Kontemplation führt uns also auf eine Ebene jenseits der Bedürfnisse und der Gefühle. Das heißt nicht, daß wir keine Gefühle und Bedürfnisse mehr haben. Auf der emotionalen Ebene werden wir immer wieder damit zu tun haben. Aber es gibt in uns einen Raum, zu dem sie keinen Zutritt haben. Und das ist der Raum des absoluten Schweigens, den uns die Kontemplation eröffnet, der Raum, der allein von Gott bewohnt wird, den weder Menschen noch Probleme betreten können. Das befreit uns von der Macht unserer Probleme und von der Allgegenwart unserer Wunden. Es gibt in der Kontemplation einen Raum, wo wir ausruhen können von unseren Wunden, wo wir den Schmerz nicht wahrnehmen, einen Raum, der ganz heil ist. Und die Wunden könnten uns gerade dazu antreiben, in diesem Raum der Stille unser Heil zu suchen und nicht nur in Methoden, wie wir besser mit den Wunden umgehen. Die eigentliche Heilung ist die Kontemplation, die Aufhebung der Identifizierung mit unseren Wunden, der Weg in den Seelengrund, in dem Gott in uns wohnt, der Weg in den Raum, wo Gott uns wahrhaft von allem befreit, was uns gefangen halten möchte. Erst in der Kontemplation erfahren wir wahre Freiheit und wirkliche Heilung.

In einem Kurs "Spiritualität und Beratung" wurde mir im Gespräch mit den Erziehungs- und Eheberatern deutlich, wie wichtig die spirituelle Dimension in der Beratung ist. Die spirituelle Dimension besteht nicht darin, daß ich in der Beratung nach den Maßstäben der Kirche arbeite und ihre moralischen Normen vertrete, sondern daß ich die Menschen auf ihre unantastbare Würde hinweise, sie in den Raum führe, zu dem die

Wunden und Schwierigkeiten ihres Lebens keinen Zutritt haben. Gerade in der Eheberatung stoßen die Berater oft auf unlösbare Konflikte. Auf der rein menschlichen Ebene kommen die Partner nicht weiter. Da ist es oft der einzig mögliche Weg, den einzelnen auf den Raum der Stille zu verweisen, zu dem auch der Partner keinen Zutritt hat, den Raum, der ganz heil ist, in den die Verletzungen des andern nicht hineinreichen. Das ist keine Flucht vor den Konflikten, sondern ihre Aufhebung auf eine andere Ebene. Geistliche Begleitung würde zu kurz zielen, wenn sie nur Krisenmanagement wäre, wenn sie nur helfen würde, mit den Problemen des Alltags psychologisch richtiger umzugehen. Nach Evagrius besteht die geistliche Begleitung gerade in der Hinführung zur Kontemplation. Der Weg zur Kontemplation ist dann aber auch die wirksamste Hilfe im Umgang mit den Lebenswunden. Denn im Raum der Kontemplation haben die Wunden keinen Zutritt. Da können sie mich nicht quälen. Sie werden mich zwar auf der emotionalen Ebene noch weiter beschäftigen. Aber im Gebet darf ich immer wieder in den Raum der Stille eintauchen, in dem alles heil und ganz ist, in dem ich einen tiefen Frieden mitten in allen Verletzungen und Schwierigkeiten erfahren darf.
In der geistlichen Begleitung geht es nicht nur darum, den Menschen psychologische Methoden anzugeben, besser mit ihren Problemen zurechtzukommen. Unsere eigentliche Aufgabe ist, sie immer wieder auf ihre Beziehung zu Gott hinzuweisen. Was macht das mit mir und meiner Beziehung zu Gott? Was will Gott mir darin sagen? Woher definiere ich mich? Was ist der Grund und das Ziel meines Lebens? Wenn ich etwa bei Beziehungsproblemen nur auf der Ebene der Beziehung bleibe und Ratschläge gebe, besser mit den

eigenen Gefühlen und mit den Aggressionen umzugehen, dann kann das sicher helfen. Aber ich stoße nicht zum eigentlichen Kern des Menschen vor. Wirksam kann ihm nur helfen, wenn sich der andere nicht mehr von seiner Beziehung her definiert, sondern wenn er in sich einen Raum entdeckt, zu dem der andere keinen Zutritt hat, wenn er in sich seine göttliche Würde erkennt, die ihm keiner nehmen kann. Wenn wir auf der Beziehungsebene bleiben, erleben wir häufig, wie verfahren manche Beziehungen sind und wie sie einfach nicht mehr zu heilen sind. Aber das heißt nicht, daß der Mensch unheilbar wäre. Heil wird er erst dann, wenn er in sich den Ort entdeckt, in dem Gott in ihm wohnt. Wo Gott in ihm wohnt, da ist alles heil. Da hat auch das Unheile der verfahrenen Beziehung keinen Zutritt. Da bin ich ganz ich selbst, da bin ich frei von allen, die mich verwundet haben oder mich verwunden möchten. Da erfahre ich, daß Gott selbst mich befreit von der Macht der Menschen und daß er mich heilt von den Wunden, die andere mir schlagen.

Auf diese Ebene immer wieder hinzuweisen, ist das Verdienst der Wüstenväter. Sie geben sich nicht damit zufrieden, nur vorläufige Antworten zu geben. Sie zwingen den Ratsuchenden, seine Beziehung zu Gott zu bedenken und sie zum wichtigsten Thema seines Lebens zu machen. Von daher bekommt der Rat des Arsenios "Fliehe die Menschen und du wirst gerettet" (Apo 39) nochmals eine neue Bedeutung. Er bezieht sich nicht nur auf das monastische Leben als Leben der Einsamkeit und Stille, sondern er verweist uns von den Menschen weg auf Gott als den, der uns allein zu retten vermag. Wenn wir die Ebene des Menschlichen verlassen, die Ebene, wo wir verwunden und verwundet werden, wenn wir uns

ganz und gar auf Gott werfen, dann werden wir gerettet, dann wird in uns alles heil und ganz, frei von allem, was uns gefangenhalten möchte.
Evagrius möchte die Brüder nicht nur deshalb zur Kontemplation führen, um ihre Wunden zu heilen, sondern weil er in Gott das Ziel allen menschlichen Strebens sieht. Wie Evagrius sind die Altväter von einer leidenschaftlichen Sehnsucht nach Gott erfüllt. Alle Ratschläge, mit den Gedanken und Gefühlen, mit den Wunden und Verletzungen richtig umzugehen, sind nur vom Ziel her verständlich, frei zu werden für Gott, der alles Denken und Fühlen erfüllen möchte. Weil das Gebet die höchste Würde des Menschen darstellt, darum wollen die Väter alle, die sie um Rat fragen, auf dem Weg unablässigen Betens begleiten und sie zur Kontemplation führen, zum "Ort Gottes", zur "Schau des Friedens", zum Himmel, den Gott unserer Seelen einprägen möchte. (Vgl. Brief 39) Nicht die Heilung der Wunden, sondern Gott ist das Ziel unseres Weges. Alle Askese, alles Ringen, alle Ratschläge dienen nur dazu, daß wir immer offener werden für Gott, daß unser Geist ganz und gar von Gott durchdrungen wird. Nach Evagrius soll uns der geistliche Begleiter zur "Erkenntnis Christi", zur Schau der Heiligen Dreifaltigkeit führen. Nur dann wird der Mensch seiner tiefsten Berufung gerecht, der Berufung zum unablässigen Gebet und zu einem Gebet ohne Zerstreuung, zur Kontemplation, in der er eins wird mit Gott. Denn der Mensch ist in seinem tiefsten Wesen von Gott auf das Gebet hin angelegt. Das Gebet entspricht "der Würde seines Geistes". (Gebet 84) Das Gebet erhebt den Menschen über seine eigene Natur und macht ihn den Engeln gleich (Vgl. Gebet 113) Geistliche Begleitung soll den Menschen zu diesem Gebet der Kontemplation führen, das seinem innersten

Wesen entspricht und ihn zum "Reich Gottes", zur Schau des dreifaltigen Gottes geleitet (Prakt 3). Die geistlichen Väter wollen die Sehnsucht nach Gott, die sie zum asketischen Leben geführt hat, auch in ihren Schülern wecken. Begeistert von dem Gott, der in unserem Herzen wohnen will, wollen sie auch andere zur "Erkenntnis Christi" führen, zum Gebet der Kontemplation, das uns mit Gott vereint und zu Gott erhebt. Sie ruhen nicht, bis auch der Schüler das Geheimnis des liebenden Gottes erfahren und geschmeckt hat, bis ihm in seinem unablässigen Beten aufgegangen ist: "Erst das Gebet macht dich zum vollen Menschen und erst durch das Gebet entdeckst du deine volle Würde. Ganz besonders aber wird das Gebet deine Liebe zu Gott vertiefen. Sie wird immer stärker werden bis zu dem Tag, an dem du schauen wirst, was du im Gebet ersehnt hast." (Bamberger 84)

Schluß

Die geistliche Begleitung hatte im frühen Mönchtum als Ziel die Hinführung zur Kontemplation. Wie Mose sollte der geistliche Vater seine Schüler zum "Ort Gottes" führen, zum Berg Zion, der die Kontemplation der Heiligen Dreifaltigkeit bedeutet. Die Kontemplation als Einswerden mit dem Gott, der in unserem Herzen wohnt, ist das größte Geschenk, das Gott dem Menschen machen kann. Es macht die Würde des Menschen aus, mit Gott eins zu werden und Gott zu schauen. Aber der Weg zum Einswerden mit Gott führt durch die Wüste, d.h. er geht über die Selbstbeobachtung, über den Kampf mit den Leidenschaften, über das Freiwerden von allen Abhängigkeiten, von allen störenden Gedanken und Leidenschaften. Der Geist des Menschen sollte frei werden von allen Gedanken und Emotionen, um ganz und gar von Gott geprägt und bestimmt zu werden. Denn das ist sein Ziel und dadurch wird er heil, kommt er zur apatheia, zur "Gesundheit der Seele" (Evagrius). Auf dem Weg der Begleitung haben die Mönche alle Regungen der Seele, alle Leidenschaften angesprochen. Sie haben psychologische Methoden der Selbstbeobachtung und des Umgangs mit den Leidenschaften und mit dem Unbewußten entwickelt, die auch vor der modernen Psychologie bestehen können. Aber ihr Ziel war eben nicht die Bewältigung des Lebens, der rechte Umgang mit den Emotionen und Bedürfnissen, sondern das Einswerden mit Gott. Geistliche Begleitung als Führung zur Kontemplation unterscheidet sich von dem Begriff der Begleitung, wie sie seit Ignatius in der Kirche verstanden wird. Ignatius will den Menschen auf dem Weg der Indifferenz von aller Anhänglichkeit an die Welt lösen, damit er für die inneren Bewegungen der Seele und das Wirken des Heiligen Geistes offen wird und den konkreten Willen Gottes für sein Leben erkennt. Evagrius geht es weniger um die Erkenntnis des Willens Gottes, sondern um die Begegnung mit Gott selbst. Ziel des geistlichen Weges ist die Schau Gottes, die Kontemplation. Es ist ein mystischer Weg, auf dem die Väter ihre Schüler begleiten. Es geht ihnen nicht zuerst um den moralisch richtigen Weg, nicht zuerst um die Verwirklichung des Willens Gottes und um die richtigen Entscheidungen, sondern um das Einswerden mit Gott. Bei Ignatius war die mystische Dimension der geistlichen Begleitung das Fundament, auf dem er dann nach dem konkreten Willen Gottes und nach unserer Antwort in der Verantwortung für diese Welt fragt. Die Mönchsväter weisen uns auf die mystische Grundlage jeder geistlichen Begleitung hin, um uns von einem voluntaristischen und moralisierenden Mißverständnis zu befreien. Ziel der Begleitung ist nicht in erster Linie unser Tun, sondern die Kontemplation, das Einswerden mit Gott. Gott ist so faszinierend, daß es sich lohnt, ein Leben lang im Gebet nach ihm zu suchen. Das größte Geschenk, das Gott uns zugedacht hat, ist das Gebet, durch das wir hineingehoben und aufgenommen werden in die Liebe des dreifaltigen Gottes. Kontemplation ist Schau des dreifaltigen Gottes, Einswerden mit dem Gott der Liebe. Wenn wir durch Askese und Gebet ganz und gar von Gottes Liebe durchdrungen werden, dann wird auch unser Leben richtig, dann werden wir uns auch für die richtigen Schritte entscheiden. Aber, so rufen uns die Mönchsväter zu: bleib nicht stehen beim Willen Gottes, laß nicht ab, bis du Gott selbst gefunden hast. Denn Gott allein genügt. Er will sich dir schenken.

ANMERKUNGEN

1 Direction spirituelle, in: Dictionnaire de Spiritualitè III, Paris 1957, 1002ff.

2 Evagrios Pontikos, Briefe aus der Wüste, übers. v. G. Bunge, Trier 1986, Brief 61; im Text zitiert mit Brief und Nummer.

3 G. Bunge, Geistliche Vaterschaft. Christliche Gnosis bei Evagrios Pontikos, Regensburg 1988; zitiert mit Bunge und Seitenzahl.

4 Vgl. Direction spirituelle 1015.

5 Weisung der Väter, übers. v. B. Miller, Trier (3) 1986; zitiert jeweils mit Apo und der Nummer des Apophthegmas.

6 Evagrios Pontikos, Centurien VI, 52, zit. in: Direction spirituelle 1027.

7 Evagrius Ponticus, Praktikos. Über das Gebet, übers. v. J.E. Bamberger u. G. Joos, Münsterschwarzach 1986; im Text jeweils zitiert mit Prakt und Nr. des Kapitels aus dem Buch Praktikos, und Gebet und Nr. des Kapitels aus dem Buch "Über das Gebet".

8 P.F. Schmid, Personzentrierte seelsorgliche Beratung und Begleitung, in: Beraten und Begleiten - Handbuch für das seelsorgliche Gespräche, hrsg. v. K. Baumgartner u. W. Müller, Freiburg 1990, 79.

9 Sprüche der Väter, hrsg. u. übers. v. Pater Bonifatius, Graz 1963, 153; im Text jeweils zitiert mit Miller und Seitenzahl.

10 Vgl. I. Hausherr, Direction spirituelle en orient autrefois, Rom 1955, 65; zitiert im Text mit Hausherr und Seitenzahl.

11 Les sentences des pères du dèsert. Nouveau recueil, hrsg. v. L. Regnault, Solesmes (2) 1977, N 396. Die Apothegmen unter N finden sich alle hier.

12 Ausgewählte Schriften der syrischen Kirchenväter, übers. v. G. Bickell, Kempten 1874, 329 (Text von Isaak von Ninive).

13 H. Lemke, Verkündigung im seelsorglichen Gespräch, in: Handbuch der Pastoralpsychologie, hrgs. v. I. Baumgartner, Regensburg 1990, 497.

14 Ignatius v. Loyola, Fundament der Exerzitien nach der Übers. v. H. Urs v. Balthasar, Die Exerzitien, Einsiedeln [6]1979.

[15] H.M. Enomiya Lassalle, Zen-Meditation für Christen, Weilheim 1969, 23.

[16] Vgl. M. u. D. Linn, Beschädigtes Leben heilen, Graz [4]1986.

[17] Les sentences des pères du dèsert, troisième recueil, hrsg. v. L. Regnault, Solesmes 1976, XVI 18.

[18] Ebd. PA 72,3b, S. 125.

[19] R. Rohr/A. Ebert, Das Enneagramm. Die 9 Gesichter der Seele, München 1989; H. Palmer, Das Enneagramm. Sich selbst und andere verstehen lernen. München 1991.
Evagrius Ponticus spricht normalerweise von 8 Lastern oder Fehlhaltungen. In seiner Schrift "De vitiis, quae opposita sunt virtutibus" zählt er jedoch 9 Fehlhaltungen auf. Da rechnet er als Laster des geistigen Teils zur Ruhmsucht und zum Stolz noch den Neid. Da entspricht er also dem Schema des Enneagramms. Vgl. dazu R. Augst, Lebensverwirklichung und christlicher Glaube. Acedia – Religiöse Gleichgültigkeit als Problem der Spiritualität bei Evagrius Ponticus, Frankfurt 1990, 40f.

[20] J.E. Bamberger, Einleitung zu: Evagrius Ponticus, Praktikos, S. 33; dort auch das nächste Zitat (Bamberger); vgl. zum Ganzen: A. Grün, Einreden. Der Umgang mit den Gedanken, Münsterschwarzach 1983.

[21] Vgl. A.T. Beck u.a., Kognitive Therapie der Depression, München 1986, 277ff.

MÜNSTERSCHWARZACHER KLEINSCHRIFTEN
Schriften zum geistlichen Leben

1	A. Grün OSB, **Gebet und Selbsterkenntnis**	(1979) 56 S.	DM 4,80
2	B. Doppelfeld OSB, **Der Weg zu seinem Zelt**	(1979) 64 S.	DM 5,40
3	F. Ruppert OSB/A. Grün OSB, **Christus im Bruder**	(1979) 56 S.	DM 4,80
4	P. Hugger OSB, **Meine Seele, preise den Herrn**	(1979) 84 S.	DM 7,40
5	A. Louf OCSO, **Demut und Gehorsam**	(1979) 55 S.	DM 4,80
6	A. Grün OSB, **Der Umgang mit dem Bösen**	(1980) 84 S.	DM 7,40
7	A. Grün OSB, **Benedikt von Nursia – Seine Botschaft heute**	(1979) 60 S.	DM 5,20
8	P. Hugger OSB, **Ein Psalmenlied dem Herrn,** Teil 1	(1980) 72 S.	DM 6,80
9	P. Hugger OSB, **Ein Psalmenlied dem Herrn,** Teil 2	(1980) 80 S.	DM 7,60
10	P. Hugger OSB, **Ein Psalmenlied dem Herrn,** Teil 3	(1980) 80 S.	DM 7,60
11	A. Grün OSB, **Der Anspruch des Schweigens**	(1980) 72 S.	DM 6,80
12	B. Schellenberger OCSO, **Einübung ins Spielen**	(1980) 52 S.	DM 4,80
13	A. Grün OSB, **Lebensmitte als geistliche Aufgabe**	(1980) 60 S.	DM 5,60
14	B. Doppelfeld OSB, **Höre, nimm an, erfülle**	(1981) 68 S.	DM 6,80
15	E. Friedmann OSB, **Mönche mitten in der Welt**	(1981) 76 S.	DM 7,80
16	A. Grün OSB, **Sehnsucht nach Gott**	(1982) 64 S.	DM 6,40
17	F. Ruppert OSB/A. Grün OSB, **Bete und arbeite**	(1982) 80 S.	DM 7,80
18	J. Lafrance, **Der Schrei des Gebetes**	(1983) 62 S.	DM 6,40
19	A. Grün OSB, **Einreden,** Der Umgang mit den Gedanken	(1983) 78 S.	DM 7,80
20	R.-N. Visseaux, **Beten nach dem Evangelium**	(1983) 68 S.	DM 7,20
21	J. Main, **Meditieren mit den Vätern**	(1983) 56 S.	DM 5,40
22	A. Grün OSB, **Auf dem Wege,** Zu einer Theologie des Wanderns	(1983) 72 S.	DM 7,40
23	A. Grün OSB, **Fasten – Beten mit Leib und Seele**	(1984) 76 S.	DM 7,60
24	G. Kreppold OFMCap, **Heilige**	(1984) 80 S.	DM 7,80
25	G. Kreppold OFMCap, **Die Bibel als Heilungsbuch**	(1985) 80 S.	DM 7,80
26	A. Louf/M. Dufner, **Geistliche Vaterschaft**	(1984) 48 S.	DM 5,20
27	B. Doppelfeld OSB, **Die Jünger sind wir**	(1985) 64 S.	DM 6,80
28	M. W. Schmidt OSB, **Christus finden in den Menschen**	(1985) 44 S.	DM 4,80
29	A. Grün OSB/M. Reepen OSB, **Heilendes Kirchenjahr**	(1985) 84 S.	DM 7,80
30	F.-X. Durrwell, **Eucharistie – das österl. Sakrament**	(1985) 74 S.	DM 7,40
31	B. Doppelfeld OSB, **Mission**	(1985) 60 S.	DM 6,40
32	A. Grün OSB, **Glauben als Umdeuten**	(1986) 66 S.	DM 6,80
33	A. Louf OCSO/A. Grün OSB, **In brüderlicher Gemeinschaft leben**	(1985) 60 S.	DM 6,40
34	C. de Bar, **Du hast Menschen an meinen Weg gestellt**	(1986) 54 S.	DM 5,60
35	G. Kreppold, **Kranke Bäume – Kranke Seelen**	(1986) 87 S.	DM 7,80
36	A. Grün OSB, **Einswerden – Der Weg des hl. Benedikt**	(1986) 80 S.	DM 8,80
37	B. Community, **Regel für einen neuen Bruder**	(1986) 48 S.	DM 5,20
38	B. Doppelfeld OSB, **Gemeinsam glauben**	(1986) 60 S.	DM 6,40

39	A. Grün OSB, **Dimensionen des Glaubens**	(1987)	78 S.	DM 8,40
40	B. Jaspert, **Benedikts Botschaft**	(1987)	60 S.	DM 6,40
41	J. Domek OSB, **Gott führt uns hinaus ins Weite**	(1987)	68 S.	DM 7,40
42	B. Doppelfeld OSB, **Sie sind ihm begegnet I**	(1987)	64 S.	DM 7,60
43	B. Doppelfeld OSB, **Sie sind ihm begegnet II**	(1987)	64 S.	DM 7,60
44	A. Grün OSB/P. Reitz, **Marienfeste**	(1987)	80 S.	DM 8,40
45	J. Domek OSB, **Segen, Quelle heilender Kraft**	(1988)	76 S.	DM 8,20
46	A. Grün OSB/M. Reepen OSB, **Gebetsgebärden**	(1988)	72 S.	DM 7,80
47	Emmanuela Kohlhaas OSB, **Es singe das Leben**	(1988)	60 S.	DM 6,80
48	R. Rickert OSB, **Kieselsteine**	(1988)	52 S.	DM 6,00
49	Reinhard Abeln/Anton Kner, **Such dir einen Einsamen**	(1988)	44 S.	DM 5,20
50	A. Grün OSB, **Chorgebet und Kontemplation**	(1988)	68 S.	DM 7,40
51	B. Doppelfeld OSB/Elisabeth Stahl OSA, **Mit Maria auf dem Weg des Glaubens**	(1989)	68 S.	DM 7,60
52	A. Grün OSB, **Träume auf dem geistlichen Weg**	(1989)	68 S.	DM 7,80
53	G. Kreppold, **Die Bergpredigt zwischen Innerlichkeit und Utopie** Teil 1: Der Berg der Wandlung	(1989)	88 S.	DM 9,60
54	G. Kreppold, **Die Bergpredigt zwischen Innerlichkeit und Utopie** Teil 2: Handeln aus Freude – die 8 Seligkeiten	(1989)	72 S.	DM 7,80
55	Martin Kämpchen, **Du tanzt im Herzen aller Menschen**	(1989)	52 S.	DM 6,00
56	B. Doppelfeld OSB, **Lebt gemäß eurer Berufung**	(1989)	68 S.	DM 7,40
57	A. Grün OSB/M. Dufner OSB, **Gesundheit als geistliche Aufgabe**	(1989)	108 S.	DM 9,80
58	A. Grün OSB, **Ehelos – des Lebens wegen**	(1989)	86 S.	DM 8,80
59	Dumitru Staniloae, **Gebet und Heiligkeit**	(1990)	46 S.	DM 5,60
60	A. Grün OSB, **Gebet als Begegnung**	(1990)	88 S.	DM 9,80
61	B. Doppelfeld OSB, **Mission als Austausch**	(1990)	68 S.	DM 7,80
62	R. Abeln/A. Kner, **Kein Weg im Leben ist vergebens**	(1990)	52 S.	DM 6,00
63	Robert Faricy/Robert J. Wicks, **Jesus betrachten**	(1990)	40 S.	DM 5,60
64	A. Grün OSB, **Eucharistie und Selbstwerdung**	(1990)	96 S.	DM 9,80
65	B. Doppelfeld OSB, **Ein Gott aller Menschen**	(1991)	80 S.	DM 8,80
66	R. Abeln/A. Kner, **Wie werde ich fertig mit meinem Alter?**	(1992)	76 S.	DM 8,40
67	A. Grün OSB, **Geistliche Begleitung bei den Wüstenvätern**	(1992)	98 S.	DM 9,80

Weitere Veröffentlichungen in dieser Reihe folgen.

VIER-TÜRME-VERLAG
D-8711 Münsterschwarzach Abtei (09324) 20-292